陈贤纯 主编

汉语强化教程
句型课本
3

陈贤纯　张浩　徐叶菁 / 编著

北京语言大学出版社

（京）新登字 157 号

图书在版编目（CIP）数据

汉语强化教程·句型课本 3/陈贤纯主编；陈贤纯，张浩，徐叶菁编著．
－北京：北京语言大学出版社　2003
ISBN 7-5619-1219-6

Ⅰ．汉…
Ⅱ．①陈…②张…③徐…
Ⅲ．汉语－句型－对外汉语教学－教材
Ⅳ．H195.4

中国版本图书馆 CIP 数据核字(2003)第 039754 号

书　　　　名	汉语强化教程·句型课本 3
责 任 印 制	乔学军
出 版 发 行	**北京语言大学出版社**
社　　　址	北京市海淀区学院路 15 号　邮政编码　100083
网　　　址	www.blcup.com
电　　　话	发行部 010-82303648/3591/3651
	编辑部 010-82303647
	读者服务部 010-82303653/3908
E－mail	fxb@blcu.edu.cn
印　　　刷	北京北林印刷厂
经　　　销	全国新华书店
版　　　次	2005 年 4 月第 1 版　2005 年 4 月第 1 次印刷
开　　　本	787 毫米×1092 毫米　1/16　印张：12.75　插表：1
字　　　数	182 千字
书　　　号	ISBN 7-5619-1219-6/H·03050
定　　　价	38.00 元

凡有印装质量问题本社负责调换，电话 010-82303590

目 录

使用建议 *1*

第 35 课 *1*
　　本课重点
　　语法　"再"(1)和"又"(1)／"还"(2)／"再"(2)／动词＋来＋动词＋去／一＋动词

第 36 课 *13*
　　本课重点
　　语法　复合趋向补语／"好"(2)

第 37 课 *24*
　　本课重点
　　语法　"把"字句(1)／"一边……一边……"／数量词重叠

第 38 课 *35*
　　本课重点
　　语法　"把"字句(2)／"又……又……"／"半天"

第 39 课 *45*
　　本课重点
　　语法　兼语句／"的"字结构(2)

目录

第40课 *56*
本课重点
语法　"一点儿"/"有(一)点儿"/"一……也(都)……"

第41课 *68*
本课重点
语法　结果补语(3)"着(zháo)、住、上、下"

第42课 *79*
本课重点
语法　"是……的"格式(1)

第43课 *90*
本课重点
语法　动作的进行

第44课 *100*
本课重点
语法　动作的持续/存现句/"原来"

第45课 *113*
本课重点
语法　概数的表示法/量词重叠/"而且"

第46课 *126*
本课重点
语法　介词结构(3)"向、往、替、为"

目录

第47课 *138*

本课重点

语法　动态助词"了"(3)／"别……了"或者"不要……了"／
　　　"太……了"／"好几……"

第48课 *150*

本课重点

语法　可能补语(1)／可能补语与程度补语的区别／
　　　可能补语与能愿动词"能"

第49课 *161*

本课重点

语法　可能补语(2)／越 A 越 B

第50课 *171*

本课重点

语法　可能补语(3)"下""了(liǎo)""动"

附　录 *181*

生词表

第 35 课

本课重点

1. 昨天他的胃又疼了。
2. 今天没干完，明天再干。
3. 明天我还要去看病。
4. 先吃饭再去机场。
5. 医生一检查，他的耳朵很正常。

一、生词

1.	再	（副）	zài	again
2.	伞	（名）	sǎn	umbrella
	雨伞	（名）	yǔsǎn	umbrella
3.	淋	（动）	lín	to be caught in the rain
4.	手	（名）	shǒu	hand
5.	湿	（形）	shī	wet
6.	干	（形）	gān	dry
7.	小伙子	（名）	xiǎohuǒzi	young man
8.	耳朵	（名）	ěrduo	ear
9.	正常	（形）	zhèngcháng	normal
10.	眼睛	（名）	yǎnjing	eye
11.	近视	（名）	jìnshì	nearsighted
12.	嘴	（名）	zuǐ	mouth
13.	牙	（名）	yá	tooth
	牙齿	（名）	yáchǐ	tooth
14.	皮	（名）	pí	skin; leather
	皮肤	（名）	pífū	skin

15.	脖子	（名）	bózi	neck
16.	胸	（名）	xiōng	chest
17.	心	（名）	xīn	heart, mind, feeling
	心脏	（名）	xīnzàng	heart
18.	背	（名）	bèi	back
19.	部	（名）	bù	part
	胸部	（名）	xiōngbù	chest
	背部	（名）	bèibù	back
20.	肺	（名）	fèi	lung
21.	肝	（名）	gān	liver
22.	胃	（名）	wèi	stomach
23.	炎	（名）	yán	inflammation
	发炎		fā yán	become inflamed
	肺炎	（名）	fèiyán	pneumonia
	肝炎	（名）	gānyán	hepatitis
	胃炎	（名）	wèiyán	gastritis
24.	脚	（名）	jiǎo	foot
25.	腿	（名）	tuǐ	leg
26.	只	（量）	zhī	*a measure word*
27.	刷	（动）	shuā	to brush
28.	脸	（名）	liǎn	face
29.	因此	（连）	yīncǐ	so, therefore
30.	全	（形）	quán	whole
31.	太太	（名）	tàitai	wife
32.	亲爱的		qīn'ài de	dear, darling
33.	前后	（名）	qiánhòu	around (a certain time), about

Lesson 35

二、生词练习

1. 再
    请你明天再来｜请你再等一会儿｜我以后再去｜你可以再听一遍

2. 伞
    他买了一把伞｜我没有带雨伞｜下雨了，你有没有伞

3. 淋
    衣服淋湿了｜昨天他淋了雨，感冒了｜在雨里淋了二十分钟

4. 手
    洗一洗手｜左手和右手｜他手里拿着一把伞｜他用左手写字

5. 湿
    地上很湿｜衣服还是湿的，没有干｜他没带伞，全身都淋湿了

6. 干
    北京的天气很干｜地上是干的，没有水｜衣服干了

7. 小伙子
    这个小伙子叫张大明｜我们公司小伙子多，姑娘少

8. 耳朵
    他的耳朵不太好，没有听见｜每个人都有两只耳朵

9. 正常
    情况很正常｜这几天天气不正常｜能正常地工作｜能正常地生活

10. 眼睛
    她有一双大眼睛｜一只眼睛｜用画家的眼睛看东西

11. 近视
    他眼睛近视｜你是近视还是远视｜我左眼近视，右眼不近视

12. 嘴
    请你张开嘴｜嘴里吃东西｜他只是嘴上说说，不会去做

13. 牙
    我牙疼｜去医院看牙｜这个牙齿坏了｜他是一个牙医

3

14. 皮

    牛皮|猪皮|羊皮|皮包|皮大衣|皮鞋|皮肤|人的皮肤|皮肤病|手上的皮肤红了|他的皮肤很好

15. 脖子

    我的脖子疼|脖子上的皮肤|牛的脖子

16. 胸

    胸部|胸前的衣服|他胸口疼

17. 心

    心脏|他有心脏病|我心里想|他心情不好|这是我的心里话

18. 背

    背部|坐在他的背后|我背疼|椅子背|这张画的背面

19. 部

    胸部|背部|东部|西部|脸部|腿部

20. 肺

    左肺|右肺|肺病|肺炎|吸烟对肺不好

21. 肝

    他得了肝病|动物的肝脏

22. 胃

    我胃不舒服|他有胃病|胃炎|吃得太多对胃不好

23. 炎

    肺炎|肠炎|胃炎|肝炎|皮肤发炎了

24. 脚

    左脚|右脚|一双脚|用脚走路|我的左脚疼

25. 腿

    一条腿|两条腿|大腿|小腿

26. 只

    一只手|一只脚|一只眼睛|一只耳朵|一只鞋

27. 刷

    刷牙|每天刷三次牙|刷衣服|刷一刷鞋|买一个刷子

28. 脸

    洗一洗脸|他的脸没有洗干净|他病了,脸色不好|他说话脸红

Lesson 35

29. 因此
    他病了，因此没有来｜冬天了，因此天气很冷｜他丢了护照，因此心情很坏

30. 全
    全身都淋湿了｜他们全都没有来｜我全知道了｜全国各地的报纸｜全世界的人

31. 太太
    张太太｜李太太｜他的太太和孩子

32. 亲爱的
    亲爱的妻子｜亲爱的孩子

33. 前后
    国庆节前后｜1998年前后｜我五点半前后回来

三、句型与对话

句型 1　Sentence Pattern 1

昨天他的胃又疼了。
　　嗓子　发炎
　　肚子　不舒服
　　牙　　疼
　　心脏　不好

对话　Dialogue
A：昨天他怎么了？
B：昨天他的胃又疼了。

句型 2　Sentence Pattern 2

今天没干完，明天再干。
　　翻译
　　检查
　　学
　　看

对话　Dialogue
A：明天还干吗？
B：今天没干完，明天再干。

5

句型 3　Sentence Pattern 3

明天我还要去看病。
　　　　看牙
　　　　检查心脏
　　　　检查肝部
　　　　医院

对话　Dialogue

A：明天你还要去看病吗？
B：明天我还要去看病。

句型 4　Sentence Pattern 4

先吃饭再去机场。
　锻炼身体　　洗澡
　检查　　　　吃药
　检查胸部　　检查背部
　刷牙　　　　洗脸

对话　Dialogue

A：先吃饭还是先去机场？
B：先吃饭再去机场。

句型 5　Sentence Pattern 5

他找来找去还是没有找到。
　看　　　　看清楚
　想　　　　想好
　刷　　　　刷干净
　听　　　　听懂

对话　Dialogue

A：他找到了吗？
B：他找来找去还是没有找到。

句型 6　Sentence Pattern 6

医生一检查，他的耳朵很正常。
　我　　问　　他不在家
　他　　想　　这个问题很复杂
　我　　看　　他的眼睛近视
　医生　检查　我的嗓子发炎了

对话　Dialogue

A：他的耳朵正常吗？
B：医生一检查，他的耳朵很正常。

四、复练

1. A：他们什么时候再来中国？
   B：阿里一年以后再来中国，马丁两年以后再来中国。

2. A：检查完了医生说什么？
   B：医生说我的心脏虽然很正常，但是明年还应该再检查检查。

3. A：阿里去年得了肺炎，今年又得了什么病？
   B：阿里去年得了肺炎，今年又得了肺炎。

4. A：他是不是常常丢东西？
   B：是啊。他去年丢了一把伞，今年又丢了一把伞。上个月丢了一把钥匙，这个月又丢了一把钥匙。

5. A：你的手还疼吗？你的脚还疼吗？
   B：一只手不疼了，另一只手还疼。一只脚不疼了，另一只脚还疼。

6. A：今天我们先去哪儿再去哪儿？明天我们先去哪儿再去哪儿？
   B：今天我们先去火车站再去飞机场，明天我们先去飞机场再去火车站。

7. A：你们还想再去动物园吗？
   B：我还想再去一次，他还想再去一次，我们都想再去一次。

8. A：这两本书你都看懂了吗？
   B：这本书我看来看去没看懂，那本书我看来看去也没看懂。

9. A：他好像身体很不好。
   B：对呀，医生一检查，他的肝不好。医生一检查，他的心脏也不好。

五、复述课文

有一个小伙子觉得身体不太舒服，就去医院检查身体。医生一检查，他的眼睛近视。头部别的地方都很正常。但是他的心脏不太好，大夫叫他以后不要再跑步了。

六、阅读课文

（一）昨天又丢了一把伞

有一个小伙子常常丢雨伞，昨天又丢了一把伞，因此回家的时候全身都淋湿了。他太太说："你以后不要再丢伞了。常常淋雨会生病的。"

他说："从明天开始，我一定不再丢伞了。"

过了几天又下雨了，他回到家对太太说："亲爱的，你看，今天我没有丢伞，伞带回来了。"

他太太一看，说："这是别人的伞，你今天上班没有带雨伞呀！"

根据课文回答下列问题

1. 这个小伙子以前丢过雨伞吗？
2. 因为没有雨伞，他回家的时候怎么样？
3. 他说他以后还会再丢伞吗？
4. 过了几天又下雨了，他淋湿了吗？
5. 他手里的伞是谁的？

（二）她还会再来吗

有一个小伙子叫李大远，他每天五点半下班都坐公共汽车回家。有一天五点半，他又来到了汽车站。刚站了一会儿就下雨了，他打开了雨伞。这时他看见汽车站还有一个人，是一位姑娘。这个姑娘也常在五点半前后来这里坐车，李大远以前也常遇到她。可是他们不认识，没有说过话。今天这位姑娘没有带伞，淋在雨里。李大远觉得一个姑娘淋在雨里不好，自己应该帮助她。因此他把手里的伞送了过去，说："你淋湿了，给你伞。"

那姑娘一看，是一个不认识的小伙子，他只有一把伞，就说："谢谢你，伞给了我，你自己也淋湿了，还是你自己用吧。"

李大远说："我身体好，淋湿了没关系。"就又把伞送过去。这样，一把伞送来送去，两个人都淋湿了。这时候汽车来了，两个人都上了车。

第二天五点半，李大远又来到汽车站。那位姑娘还没有来。他心里想："她今天还会来吗？今天能不能再看见她呢？"

根据课文判断下列句子的对错

1. 李大远每天五点半去上班。（　　）
2. 李大远到汽车站时没有下雨。（　　）
3. 那时候汽车站上只有两个人。（　　）
4. 李大远知道那个姑娘叫什么名字。（　　）
5. 李大远给那个姑娘雨伞是因为她没有带伞。（　　）
6. 姑娘不要李大远的伞是因为她已经淋湿了。（　　）
7. 后来李大远没有淋湿。（　　）
8. 李大远跟姑娘说好了，第二天在车站见面，所以他等她。（　　）

七、语法

1 "再"(1) 和 "又"(1)　　The usages of "再"(1) and "又"(1)

"再"和"又"都表示动作或状态的重复或持续。"再"用于尚未实现的或经常性的动作，"又"用于已经实现的动作。例如：

"再" and "又" both indicate the repetition or continuation of an action or a state but "再" is used with the actions that have not performed or the regular actions, whereas "又" is used in the past tense, e. g.

（1）昨天他又来了。（已重复　a repeated action）
（2）你明天再来。（待重复　an action to be repeated）
（3）再躺一会儿。（待继续　an action to be continued）

（4）又躺了一会儿。（已发生　an action in the past）

2 "还"（2）　　The usages of "还"（2）

1. "还"可以表示现象的继续存在或动作的继续进行。例如：

"还" indicates a phenomenon that still exists or an action which is going on, e. g.

（1）天还很黑。
（2）我明天还来。
（3）雨还下不下？

否定时，否定词在"还"后。例如：

In the negative form, the negative word is placed after "还", e. g.

（4）他的病还没好。
（5）天气还不冷。
（6）我还没吃饭。
（7）第36课还没学。

2. "再"和"还"的差别　　Differences between "再" and "还"

通常"再"（1）与"还"（2）的意思是不同的，但有时候非连续性的动作继续进行，与未实现的重复意思接近。这时既可用"还"也可用"再"。例如：

Although "再"（1）and "还"（2）are different but sometimes their meanings are similar, so they are interchangeable, e. g.

（8）我明天还来。（强调继续　Emphasizing continuation）
（9）我明天再来。（强调重复　Emphasizing repetition）
（10）今天干了一天，明天还干。（强调继续　Emphasizing continuation）
（11）今天干了一天，明天再干。（强调重复　Emphasizing repetition）

用"再"还是用"还"，要看你强调的是重复还是继续。但在疑问句中，通常用"还"。例如：

Whether to use "再" or "还" depends on what you emphasize: continuation or repetition. But "还" is usually used in questions, e. g.

（12）明天你还来吗？

Lesson 35

（13）明天还干不干？

有能愿动词"想""会""要"等时，两者可以同时使用，"还"在能愿动词之前，"再"在能愿动词之后。例如：
When they are used with modal verbs like "想","会" or "要","还" and "再" can be used together;"还" is placed before the modal verb and "再" after it, e. g.

（14）我明天还要再来。

（15）这本书我还想再看一遍。

3 "再"(2)　　The usages of "再"(2)

"再"可以表示一个动作发生在另一个动作结束之后，前一个动词前有时可以加"先"。例如：
"再" is used with an action that follows another which has been completed. "先" can be added in front of the preceding verb, e. g.

（1）先做作业再看电视。

（2）吃了饭再去看电影。（可以说"先吃饭，再去看电影"）

（3）学完语法，再做练习。（可以说"先学语法，再做练习"）

"再"也可以表示动作发生在某一时间或某种情况之后。例如：
"再" can also be used with an action taking place at a certain time or after a certain situation, e. g.

（4）雨停了再去吧。

（5）到夏天的时候再回家。

（6）我现在不看，八点再看。

4 动词+来+动词+去　　Verb+来+verb+去

这个格式用来描述一个动作多次重复。例如：
The structure is used to describe an action repeated many times, e. g.

（1）他在屋子里走来走去。

（2）小鸟在树林里飞来飞去。

（3）我想来想去想出了一个好办法。

（4）他说来说去只有那几句话。

5 一 + 动词   一 + verb

"一 + 动词"格式表示经过一个短暂的动作，得出某种结果。例如：
The structure of "一 + verb" indicates a brief action, which brings about a result, e.g.

(1) 医生一检查，是肺炎。
(2) 我一想，这个意见不对。
(3) 他一看是本英文小说。
(4) 我一问他不在家。

第 36 课

本课重点

1. 你的行李送下去了。
2. 他从外边买回来了一张京剧唱片儿。
3. 他从桌子上拿起一本书来。
4. 我好容易才买到了飞机票。

一、生词

1.	飞	（动）	fēi	to fly
2.	流	（动）	liú	to flow
3.	拉	（动）	lā	to pull
4.	抬	（动）	tái	to carry
5.	退	（动）	tuì	to return, move back
6.	提	（动）	tí	to hold
7.	推	（动）	tuī	to push
8.	水	（名）	shuǐ	water
	自来水	（名）	zìláishuǐ	running water, tap water
	雨水	（名）	yǔshuǐ	rain water
	河水	（名）	héshuǐ	river water
9.	俩	（代）	liǎ	both, two
10.	台	（量）	tái	a measure word for machines
11.	亭(子)	（名）	tíng(zi)	pavilion
12.	掉	（动）	diào	to drop, come off
13.	口袋	（名）	kǒudai	pocket
14.	公用	（动）	gōngyòng	for public use

13

15.	仍然	（副）	réngrán	still
16.	马路	（名）	mǎlù	highway
17.	拍	（动）	pāi	to pat
18.	束	（量）	shù	bunch
19.	捡	（动）	jiǎn	to pick up
20.	鲜花	（名）	xiānhuā	fresh flowers
21.	皮鞋	（名）	píxié	leather shoes
22.	纸条	（名）	zhǐtiáo	slip of paper
23.	学生证	（名）	xuéshēngzhèng	student's identity card
24.	递	（动）	dì	hand over; pass
25.	叶	（名）	yè	leaf
	树叶	（名）	shùyè	leaf
	茶叶	（名）	cháyè	tea（leaves）
26.	钱包	（名）	qiánbāo	purse, wallet
27.	背包	（名）	bèibāo	knapsack
28.	手提包	（名）	shǒutíbāo	handbag
29.	桥	（名）	qiáo	bridge
	立交桥	（名）	lìjiāoqiáo	overpass
30.	电脑	（名）	diànnǎo	computer
31.	愿意	（能动、动）	yuànyì	be willing
32.	鸡	（名）	jī	chichen
33.	狐狸	（名）	húli	fox
34.	狗	（名）	gǒu	dog

二、生词练习

1. 飞

从树上飞下来｜飞机飞起来了｜从天上飞过去｜鸡飞到了树上

2. 流

水流出来了｜水从上面流下来｜水流到了地上

Lesson 36

3. 拉

   拉开门|拉过来一把椅子|阿里拉了他一下儿

4. 抬

   两个人抬一张桌子|抬上去一个大箱子

5. 退

   退回去一封信|因为地址不清楚，信退回去了|钱退还给他了|退了一步

6. 提

   提上来一个箱子|他手里提一个包|箱子提到里边去了

7. 推

   用手推门|推一辆小车|推过来一辆车|推了他一下儿

8. 水

   自来水|矿泉水|雨水|河水|带了一瓶水

9. 俩

   他们俩|你们俩|我们俩

10. 台

    一台电视机|一台电脑|一台洗衣机

11. 亭(子)

    公园里的亭子|报亭|书亭|一个电话亭

12. 掉

    树叶掉了下来|你的钥匙掉了|书掉在地上了

13. 口袋

    衣服的口袋|裤子的口袋|钥匙放在口袋里

14. 公用

    公用电话|公用的大厅|公用厨房|公用车辆

15. 仍然

    他仍然住在郊区|今天仍然下雨|他的身体仍然不好

16. 马路

    在马路两边|河边有一条马路|马路中间|大路|小路

17. 拍

    拍篮球|拍手|拍拍小孩儿的头|网球拍(tennis racket)

18. 束

    一束鲜花|一束菜|一束头发

19. 捡

    从地上捡起来｜捡到一把钥匙｜他捡到了我的学生证

20. 鲜花

    买了一束鲜花｜公园有很多鲜花

21. 皮鞋

    买一双黑皮鞋｜擦一擦皮鞋

22. 纸条

    给他写一张纸条｜从地上捡起来一张纸条

23. 学生证

    我有学生证｜买学生票要有学生证｜工作证｜身份证(ID card)

24. 递

    递给他一把伞｜递给售货员二十元钱｜递给我一张纸条

25. 叶

    菜叶子｜树叶掉了下来｜买一些茶叶

26. 钱包

    从钱包里拿出来十块钱｜他找不到他的钱包了

27. 背包

    从背包里拿出来一本书｜放在背包里

28. 手提包

    手里拿一个手提包｜从手提包里拿出来一封信

29. 桥

    河上有一座桥｜汽车开过立交桥｜在立交桥的下面

30. 电脑

    家用电脑｜你会不会用电脑

31. 愿意

    我愿意跟你一起去｜他说不愿意｜我很愿意

32. 鸡

    一只公鸡(cock)｜一只母鸡(hen)｜买了一只鸡

33. 狐狸

    一只狐狸

34. 狗

    一只狗

Lesson 36

三、句型与对话

句型 1　Sentence Pattern 1

你的行李送下去了。
　　　　拿出来
　　　　搬上去
　　　　带回来
　　　　推进来
　　　　掉下来

对话　Dialogue
A：我的行李送下去了吗？
B：你的行李送下去了。

句型 2　Sentence Pattern 2

你的行李送到里边去了。
　　　　推　　前边
　　　　提　　屋里
　　　　搬　　楼下
　　　　抬　　楼上

对话　Dialogue
A：我的行李送到哪儿去了？
B：你的行李送到里边去了。

句型 3　Sentence Pattern 3

他递过去一把雨伞。
　推过来　　一辆小车
　搬上来　　一个箱子
　提下去　　一个书包
　拉过来　　一把椅子

对话　Dialogue
A：他递过去什么？
B：他递过去一把雨伞。

句型 4　Sentence Pattern 4

他从口袋里拿出来一把钥匙。
　钱包里　拿出来　十块钱
　地上　　捡起来　一个钱包
　外边　　买回来　一束鲜花
　桌子上　拿起来　一张纸条

对话　Dialogue
A：他从口袋里拿出来什么？
B：他从口袋里拿出来一把钥匙。

17

句型 5　Sentence Pattern 5

他从<u>桌子上拿起一本书</u>来。
　　柜子里　找出　一双皮鞋
　　外边　　搬回　一台电脑
　　口袋里　拿出　一张纸条

对话　Dialogue
A：他从<u>桌子上拿起</u>什么来？
B：他从<u>桌子上拿起一本书</u>来。

句型 6　Sentence Pattern 6

我好容易才<u>买到</u>了<u>飞机票</u>。
　　租到　住房
　　找到　学生证
　　爬到　山上
　　办完　手续

对话　Dialogue
A：你<u>买到飞机票</u>了没有？
B：我好容易才<u>买到</u>了<u>飞机票</u>。

对话　Dialogue
A：你<u>买到飞机票</u>了没有？
B：我好不容易才<u>买到</u>了<u>飞机票</u>。

四、复练

1. A：你的雨伞带回来了吗？书包带回来了吗？
   B：雨伞带回来了，书包没带回来。

2. A：你的新电脑搬进来了吗？阿里的旧电脑搬进来了吗？
   B：我的电脑没有搬进来，阿里的电脑搬进来了。

3. A：自来水流到哪儿去了？
   B：自来水流到我的房间里去了，自来水也流到他的房间里去了。

4. A：小车从哪儿开过去？大车从哪儿开过去？
   B：小车从桥上开过去，大车也从桥上开过去。

5. A：阿里站起来干什么？马丁站起来干什么？
   B：阿里站起来去关门，马丁站起来去关窗户。

6. A：信为什么退回来了？包裹为什么退回来了？

   B：信退回来因为名字没有写清楚，包裹退回来因为地址没有写清楚。

7. A：你从地上捡起来了什么？他从地上捡起来了什么？

   B：我从地上捡起来一张纸条，他也从地上捡起来一张纸条。

8. A：这个箱子搬到哪儿去？那个箱子搬到哪儿去？

   B：这个箱子搬到楼上去，那个箱子也搬到楼上去。

9. A：你从背包里拿出来什么？他从背包里拿出来什么？

   B：我从背包里拿出来一本书，他从背包里拿出来一个本子。

10. A：这两课的生词好记吗？

    B：不好记。这一课生词我好容易才记住，那一课生词我也好容易才记住。

11. A：你仍然住在8楼吗？他仍然住在9楼吗？

    B：对，我们俩仍然住在老地方。

五、复述课文

阿里在街上想打电话。他看见一个公用电话亭，就走了进去，从口袋里拿出一块钱来，放了进去。他拿起电话来一听，没有声音。他又拿出一块钱来，放了进去，还是没有声音。怎么回事？这个电话一定坏了。阿里生气地拍了一下电话机，刚放进去的两块钱都掉了出来。

六、阅读课文

狐狸和公鸡

有一天早晨一只公鸡在外边走。它看见好大的一棵(kē)树，就走过去飞了上去，坐在树上。

过了一会儿，一只狐狸从远处走了过来。快走到树下的时候，它看见了树上的公鸡。狐狸想:"早饭的时候吃一只鸡一定很好。"所以它走了过去,站在树下说:"早上好,亲爱的朋友,你好吗?"

"我很好,谢谢你,你怎么样?"公鸡回答。

"我也很好。你知道现在所有的动物都是朋友了吗?狗和狐狸,狐狸和鸡,还有别的动物都是朋友了。"狐狸说。

"那很好啊!"公鸡说。

"你愿意到我家去吗?跟我一起吃早饭好吗?"狐狸说。

"好啊!我非常愿意。"公鸡说:"请你等一会儿。我看见一只狗走过来了,这只狗好大。我们等它一会儿,跟它一起去你家好吗?"

"狗?你是说有一只狗走过来了吗?那么,再见吧!"狐狸赶紧跑到树林(shùlín Woods)里去了。

"别走,亲爱的朋友,你不喜欢狗吗?你说所有的动物都是朋友了,对不对?"公鸡在树上大声地问。

根据课文回答下列问题

1. 公鸡看见一棵大树以后就怎么样?
2. 狐狸看见公鸡的时候,公鸡在什么地方?
3. 狐狸为什么跟公鸡说话?
4. 狐狸说"所有的动物都是朋友了"这是真的吗?
5. 公鸡到狐狸家去能吃到早饭吗?
6. 公鸡跟狐狸一起走了吗?
7. 公鸡说谁走过来了?
8. 狐狸为什么不愿意跟狗在一起?
9. 公鸡知道狐狸说的不是真话吗?

七、语法

1 复合趋向补语 Compound directional complements

1. 动词"上、下、进、出、回、过、起"后边加上"来"或"去"一起构成复合趋向补语。常用的复合趋向补语一共有十五个。如下表:

Verbs like "上、下、进、出、回、过、起" with "来" or "去" following

them form compound directional complements. The 15 most frequently used ones are listed in the following table:

	上	下	进	出	回	过	起	到
来	上来	下来	进来	出来	回来	过来	起来	到……来
去	上去	下去	进去	出去	回去	过去		到……去

复合趋向词放在其他动词之后，表示动词的方向，叫复合趋向补语。例如：

The compound directional verbs after other verbs indicate the directions of the actions, which are called compound directional complements, e.g.

(1) 他跑过来了。
(2) 汽车开出去了。
(3) 太阳升起来了。
(4) 那本书已经还回去了。

2. 如果谓语动词有处所宾语，宾语一定要放在"来"或"去"之前。例如：

If the verb takes an object of place, the object must be placed in front of "来" or "去", e.g.

(5) 他们一起走进教室里去了。
(6) 书还没有拿回家来。
(7) 这封信寄到上海去。
(8) 从这条路走下山去。

3. 如果谓语动词有表示事物的宾语，宾语可以放在"来"或"去"之后，也可以放在"来"或"去"之前。例如：

If the verb takes an object indicating a thing, the object may be put either after or in front of "来" or "去", e.g.

(9) 他买回来很多书。　　　　他买回很多书来。
(10) 我放进去一块钱。　　　　我放进一块钱去。
(11) 姐姐寄回来很多照片。　　姐姐寄回很多照片来。

4. 复合趋向补语与"了"　　Compound directional complements and "了"

如果动词不带宾语，"了"可以放在动词之后，补语之前，也可以放在复合趋向补语之后。例如：

"了" may be put behind the verb and in front of the complement, or after the compound directional complement when the verb takes no object, e. g.

（12）同学们都跑了出去。　　　同学们都跑出去了。
（13）汽车开了过来。　　　　　汽车开过来了。

如果动词后有宾语，"了"一般应该放在句末，但也可以放在复合趋向补语之后，宾语之前。例如：

"了" is usually placed at the end of a sentence when the verb takes an object, but it can also be put between the compound directioal complement and the object, e. g.

（14）汽车开上山去了。
（15）我买回水果来了。
（16）我买回来了一些水果。
（17）我刚才放进去了一块钱。

2 "好"(2)　　The usages of "好"(2)

"好"在形容词前表示程度深，与"很"不同的是，"好"有感叹的意思。例如：

"好" means "very" when put in front of an adjective, but it is different from "很", for it implies an exclamation, e. g.

（1）外边的雪好大！
（2）什么菜，好香！
（3）我等了他好长时间！
（4）这件事好奇怪！

但是"好容易"的意思是"不容易"，而不是"很容易"。例如：
But "好容易" means "不容易" instead of "很容易", e. g.

（5）我好容易才爬了上去。（爬上去很不容易）
（6）他好容易才看完这本书。（可能是这本书太难，不容易看完）

Lesson 36

所以"好容易"和"好不容易"的意思一样,口语中也常说"好不容易"。例如:

So in spoken Chinese "好容易" and "好不容易" mean the same thing. "好不容易" is also often used in spoken Chinese, e. g.

(7) 我好不容易才爬了上去。
(8) 他好不容易才看完这本书。

第 37 课

本课重点

1. 请你把窗户打开。
2. 我把本子交给老师了。
3. 我还没有把炒好的菜盛出来。
4. 他把菜一样一样地放在桌子上了。
5. 他常常一边做作业一边听音乐。

一、生词

1.	炒	（动）	chǎo	to fry
2.	掉	（动）	diào	used after certain verbs, indicating the result of an action
	倒掉		dào diào	to dump
	放掉		fàng diào	to let go, release
	擦掉		cā diào	to wipe off, erase
	还掉		huán diào	to return
3.	牌子	（名）	páizi	brand, shop sign, plate
4.	一边……一边……		yìbiān……yìbiān……	while …
5.	把	（介）	bǎ	used when the object is the receiver of the action of the ensuing verb
6.	菜谱	（名）	càipǔ	cookery book, menu
7.	切	（动）	qiē	to cut
8.	碎	（形）	suì	to break/cut into pieces
	切碎		qiē suì	cut into pieces

Lesson 37

	打碎		dǎ suì	to break
9.	杯	（量）	bēi	*a measure word for cups*
	杯子	（名）	bēizi	cup
10.	油	（名）	yóu	oil
11.	样	（量）	yàng	kind, type, shape
	一样一样		yíyàng yíyàng	one by one
12.	锅	（名）	guō	pot
13.	倒	（动）	dào	to pour, to dump
14.	熟	（形）	shú/shóu	cooked, ripe
15.	盛	（动）	chéng	to fill
16.	盘	（量）	pán	*a measure word for dishes*
	盘子	（名）	pánzi	dish, tray
17.	盐	（名）	yán	salt
18.	零食	（名）	língshí	between-meal nibbles, snacks
19.	空调	（名）	kōngtiáo	air-conditioner
20.	碗	（名）	wǎn	bowl
21.	汤	（名）	tāng	soup
22.	火	（名）	huǒ	fire
23.	剩下		shèng xià	be left, remain
24.	鱼	（名）	yú	fish
25.	美元	（名）	měiyuán	U.S. dollar
26.	错过	（动）	cuòguò	miss
27.	长	（动）	zhǎng	to grow
28.	端	（动）	duān	hold sth. level with both hands
29.	反	（形）	fǎn	reverse; inside out
30.	淡	（形）	dàn	tasteless
31.	咸	（形）	xián	salty
32.	不一定		bù yídìng	not sure, not necessarily
33.	后来	（名）	hòulái	afterwards, later

二、生词练习

1. 炒
    我学会了炒菜|炒饭|炒面|炒鸡蛋|菜炒熟了
2. 掉
    把水倒掉|把字擦掉|把书还掉|把垃圾扔掉
3. 牌子
    商店的牌子|这个牌子的运动鞋很好|什么牌子的汽车|一块牌子
4. 一边……一边……
    一边做作业，一边听音乐|一边散步，一边聊天儿|一边走一边吃早饭
5. 把
    把门打开|把箱子搬到楼上去|把书拿出来
6. 菜谱
    买一本四川菜的菜谱|看菜谱点菜|菜谱上有英文
7. 切
    用刀子切菜|把西红柿切成几块|把菜切一切
8. 碎
    他打碎了花瓶|杯子掉在地上碎了|把菜切碎
9. 杯
    一杯咖啡|一杯啤酒|拿一个杯子来|一个茶杯
10. 油
    食用油|锅里放一些油|汽车应该加油了|汽油
11. 样
    一样一样地放在桌子上|书包里有两样东西|各种各样的商品|这里的工作他样样都干得很好
12. 锅
    炒菜的锅|大锅小锅|做饭的锅
13. 倒
    给他倒了一些酒|在锅里倒了一些油|把水倒掉

Lesson 37

14. 熟

    饭做熟了 | 菜炒熟了 | 买了一些熟菜 | 这菜是生的，没炒熟

15. 盛

    菜盛在盘子里 | 饭盛在碗里 | 盛了一碗汤

16. 盘

    要了两盘菜 | 点了一盘鱼 | 一盘肉 | 大盘子 | 小盘子 | 拿一个盘子来 | 在饭馆洗盘子

17. 盐

    菜里放一些盐 | 他忘了放盐 | 食用盐

18. 零食

    有些女孩子爱吃零食 | 一边看电视，一边吃零食

19. 空调

    打开空调 | 关上空调 | 这屋里没有空调

20. 碗

    盛了一大碗汤 | 吃了一小碗饭 | 大碗盛汤，小碗盛饭

21. 汤

    鱼汤 | 肉汤 | 你会不会做汤 | 买一个汤锅

22. 火

    把火打开 | 打开火做饭 | 你有没有打火机(dǎhuǒjī lighter)

23. 剩下

    剩下两块钱 | 剩下的钱放在抽屉里 | 没吃完，剩下不少

24. 鱼

    一条鱼 | 海鱼 | 河鱼 | 这条河里有很多鱼

25. 美元

    20美元 | 3000日元 | 150欧元(ōuyuán Euro) | 把美元换成人民币

26. 错过

    错过了一次机会 | 这个机会不要错过 | 错过了上午的火车

27. 长

    小树长成了大树 | 孩子们长大了 | 这孩子长牙了 | 这里的树长得很好

28. 端

  他端来一碗汤｜端盘子｜他端出来一杯茶

29. 反

  衣服穿反了｜这个字写反了｜这张纸的正面和反面

30. 淡

  这个菜没放盐，是淡的｜这个菜太淡了｜那个地方没有淡水

31. 咸

  这个菜太咸了｜海水是咸的｜咸菜

32. 不一定

  这样做不一定好｜现在就去不一定会迟到｜今天你不一定能找到他

33. 后来

  后来怎么样｜后来他病了｜后来我又去过一次｜后来我再也没有见过他

三、句型与对话

句型 1　Sentence Pattern 1

请你把<u>窗户打开</u>。

门	关好
空调	打开
箱子	拿上来
菜	端上去

对话　Dialogue

A：要不要把<u>窗户打开</u>？
B：请你把<u>窗户打开</u>。

句型 2　Sentence Pattern 2

我把<u>本子交给老师</u>了。

菜	炒熟
油	倒在锅里
美元	换成人民币
字	擦掉

对话　Dialogue

A：你把<u>本子交给老师</u>了吗？
B：我把<u>本子交给老师</u>了。

Lesson 37

句型 3   Sentence Pattern 3

我已经把<u>蔬菜</u><u>洗干净</u>了。

    剩下的胶卷   照完
    鱼   做好
    水   倒掉
    饭   盛好

对话   Dialogue

A：你把<u>蔬菜</u><u>洗干净</u>了没有？
B：我已经把<u>蔬菜</u><u>洗干净</u>了。

句型 4   Sentence Pattern 4

我还没有把<u>炒好的菜</u><u>盛出来</u>。

    盐   放进去
    油   倒进去
    锅   放上去
    杯子   洗干净

对话   Dialogue

A：你把<u>炒好的菜</u><u>盛出来</u>了没有？
B：我还没有把<u>炒好的菜</u><u>盛出来</u>。

句型 5   Sentence Pattern 5

他把<u>菜</u><u>一样一样</u>地<u>放在桌子上</u>了。

    汤   一碗一碗   端出来
    筷子   一双一双   洗干净
    盘子   一个一个   递给他
    箱子   一个一个   搬到楼上

对话   Dialogue

A：他把什么<u>放在桌子上</u>了？
B：他把<u>菜</u><u>一样一样</u>地<u>放在桌子上</u>了。

句型 6   Sentence Pattern 6

他常常一边<u>做作业</u>一边<u>听音乐</u>。

    看电视   吃零食
    炒菜   看菜谱
    骑车   唱歌
    走   吃早饭

对话   Dialogue

A：他一边<u>做作业</u>一边做什么？
B：他常常一边<u>做作业</u>一边<u>听音乐</u>。

句型 7　Sentence Pattern 7

<u>孩子们</u><u>一个个</u><u>长大</u>了。

机会	一次次	错过
时间	一天天	过去
菜	一盘盘	端出来

对话　Dialogue

A：<u>孩子们</u>怎么样？
B：<u>孩子们</u><u>一个个</u><u>长大</u>了。

四、复练

1. A：你把门关上了没有？你把窗户关上了没有？
   B：我把门关上了，我把窗户也关上了。

2. A：要不要把黑板上的字擦掉？
   B：把左边的字擦掉，不要把右边的字擦掉。

3. A：把这个瓶子里的酒倒在哪个杯子里？把那个瓶子里的酒倒在哪个杯子里？
   B：把这个瓶子里的酒倒在这个杯子里，把那个瓶子里的酒倒在那个杯子里。

4. A：你把包裹取回来了吗？你把信取回来了吗？
   B：邮局关门了。我没把包裹取回来，也没把信取回来。

5. A：要不要把鸡蛋盛出来？要不要把汤盛出来？
   B：先把鸡蛋盛出来，不要把汤盛出来。

6. A：盘子和碗掉在地上打碎了，怎么办？
   B：把打碎的盘子捡起来，把打碎的碗捡起来，把地扫干净，就行了。

7. A：要把书翻过来吗？要把本子翻过来吗？
   B：不用把书翻过来，也不用把本子翻过来。

8. A：这台电脑太便宜了，一定不好。
   B：你知道吗？贵的东西不一定好，好的东西不一定贵。

9. A：马丁和阿里明天来不来？

   B：马丁不一定来，阿里也不一定来。

10. A：你们俩的习惯一样(yíyàng　same)吗？

    B：不一样，他喜欢一边做作业一边听音乐，我喜欢一边看电视一边吃零食。

五、复述课文

我常常自己做饭。做饭很容易，把锅放好，把火打开，把菜放进去。炒熟了以后把火关上，把菜盛在一个盘子里。这样就行了。

六、阅读课文

张小红炒菜

有人说中国人都会做饭，其实不一定是这样，也有不少人不会做饭。张小红就不会。

有一天张小红在厨房里炒菜，她要做一个西红柿炒鸡蛋。她以前没有做过饭，所以必须一边看菜谱一边做准备。她先把一个西红柿洗干净，再把西红柿切成几块。她把鸡蛋打在碗里，然后就把火打开，在锅里倒了一些油，等油热了，把鸡蛋倒进去。过了一会儿，把鸡蛋翻过来。鸡蛋熟了以后，把鸡蛋盛出来放在一边。再在锅里放一些油，把西红柿放进去炒一炒。最后把刚炒过的鸡蛋也放进去，炒两下，这样就炒好了。

她把菜盛在盘子里一看，红的、黄的颜色很好看，可是一尝是淡的。她想起来了，刚才没有放盐。什么时候放盐？书上没有写。

淡的菜怎么能吃？后来她一想，炒好了以后再放盐也可以，所以她在鸡蛋上放了一些盐。可是盐放得太多，太咸了。这样的菜你爱吃吗？

根据课文判断下列句子的对错

1. 有的中国人不会做饭。　　　　　　　　　　　　　　（　　）
2. 张小红以前炒过菜。　　　　　　　　　　　　　　　（　　）
3. 张小红先把西红柿切成几块，然后把西红柿洗干净。（　　）
4. 她在锅里倒一些油以后，马上把鸡蛋倒进去。　　　（　　）
5. 把鸡蛋倒进去以后，再在锅里放一些油。　　　　　（　　）
6. 她先炒西红柿，后炒鸡蛋。　　　　　　　　　　　（　　）
7. 鸡蛋炒了两次。　　　　　　　　　　　　　　　　（　　）
8. 她没有放盐是因为菜谱里说炒好以后再放盐。　　　（　　）
9. 张小红不爱吃自己炒的菜。　　　　　　　　　　　（　　）

七、语法

1 "把"字句(1)　　The "把" structure (1)

有介词"把"的句子叫"把"字句。当动词既有宾语又有其他成分时，如结果补语、趋向补语等时，为了强调对宾语的处置，就常用"把"字句，用"把"将宾语前置到主语后动词前。经过处置以后，宾语所代表的事物的位置或状态就发生了变化。例如：

Sentences with the preposition "把" are called the sentences of "把" structure. When the verb takes an object and other elements like the complement of result and complement of direction, the "把" structure sentences are often used to emphasize the disposal of the object. The state or position of the thing indicated by the object changes after the disposal, e.g.

(1) 请把书递给我。
(2) 他把收音机放在桌子上。
(3) 大家把椅子搬到外边去吧。
(4) 老师走过来把门打开。
(5) 风把画儿刮了下来。

"把"的前边可以有状语或者能愿动词。例如：
There can be an adverbial or modal verb in front of "把", e.g.

(6) 风又把画儿刮下来了。
(7) 你可以把收音机放在桌子上。

(8) 不要把椅子搬到外边。

(9) 门锁着，我只好把信放在窗台上。

否定时否定词要放在"把"的前边。例如：

In the negative form the negative word must be put in front of "把", e. g.

(10) 风没有把画儿刮下来。

(11) 我没有把椅子搬到外边去。

副词"也、都、全"等常常放在动词前。例如：

Adverbs like "也、都、全" are often put in front of the verb, e. g.

(12) 他把杯子也打碎了。

(13) 我把椅子全部搬到外边去了。

(14) 风把墙上的画儿全刮了下来。

2 "一边……一边……"   While ...

这个句式表示两个动作正在同时进行。例如：

This structure indicates two actions are being taken simultaneously, e. g.

(1) 他一边走，一边看旁边。

(2) 她一边笑，一边给我开门。

(3) 他一边听一边把听到的话记在本子上。

(4) 我喜欢一边听音乐一边做作业。

有时两个动作并不是同时进行，而是交替进行。例如：

Sometimes the two actions are not being taken simultaneously but alternatively, e. g.

(5) 他在美国一边学习一边工作。

(6) 他一边喝酒一边跟我聊天儿。

3 数量词重叠   Repetition of numerals

1. 数词"一"可以重叠，表示"逐一"。例如：

The numeral "一" can be repeated, meaning "one by one", e. g.

(1) 代表们跟大家一一握手。

(2) 他把情况向大家一一做了介绍。

2. 量词重叠表示"每一……"、"毫无例外"的意思。例如：
The repeated measure words mean "each of" or "without exception", e. g.

（3）我们班的同学人人都很努力。
（4）她天天都起得很早。
（5）她们个个都很漂亮。
（6）阿里的朋友年年来中国。

3. 数量词组重叠，用于描写事物很多的样子。例如：
The repetition of numeral phrases are used to show a great variety of things, e. g.

（7）她把菜一样一样地放在桌子上。
（8）他把孩子们一个一个地检查了一遍。

数量词组重叠时，第二个"一"也可以省略。例如：
The second "一" of a repeated numeral phrase can be omitted, e. g.

（9）过去的事情他一件件地想起来了。
（10）孩子们一个个都很健康。

第38课

本课重点

1. 他把垃圾倒了。
2. 你去把房间理一理。
3. 我把资料看了一遍。
4. 他的房间又脏又乱。
5. 找了半天也没有找到。

一、生词

1.	资料	（名）	zīliào	material，data
2.	扔	（动）	rēng	throw away
3.	教授	（名）	jiàoshòu	professor
4.	书房	（名）	shūfáng	study
5.	找不到		zhǎo bu dào	cannot find
6.	乱	（形）	luàn	in a mess，arbitrary
7.	到处	（名）	dàochù	everywhere
8.	废	（形）	fèi	wasted
	废纸	（名）	fèizhǐ	waste paper
	废水	（名）	fèishuǐ	waste water
	废物	（名）	fèiwù	waste material
9.	烟	（名）	yān	cigarette，smoke
	烟头	（名）	yāntóu	cigarette butt
10.	灰尘	（名）	huīchén	dust
11.	灰	（名、形）	huī	ash，dust，grey
	烟灰	（名）	yānhuī	cigarette ash
12.	乱七八糟		luàn qī bā zāo	in great disorder

13.	理	（动）	lǐ	to manage, put in order
14.	堆	（量、动）	duī	heap, pile
15.	灯	（名）	dēng	light
	台灯	（名）	táidēng	reading lamp
	电灯	（名）	diàndēng	electric light
	路灯	（名）	lùdēng	street lamp
16.	土	（名）	tǔ	earth, soil, dust
	土地	（名）	tǔdì	earth, land
	尘土	（名）	chéntǔ	dust
17.	垃圾	（名）	lājī	rubbish
18.	窗台	（名）	chuāngtái	windowsill
19.	全部	（名）	quánbù	all
20.	桶	（名）	tǒng	bucket, a tube-shaped container
	垃圾桶	（名）	lājītǒng	garbage can
21.	终于	（副）	zhōngyú	at last
22.	半天	（名）	bàntiān	quite a while, a long time
23.	忽然	（副）	hūrán	suddenly
24.	呀	（语气）	ya	(interjection) oh, ah
25.	说不定	（副）	shuōbudìng	perhaps, maybe
26.	只好	（副）	zhǐhǎo	have to
27.	担心		dān xīn	worry about, feel anxious
28.	还好		hái hǎo	fortunately, not bad
29.	穿	（动）	chuān	put on, wear
30.	脱	（动）	tuō	take off
31.	工具	（名）	gōngjù	tool
32.	文具	（名）	wénjù	stationery
	餐具	（名）	cānjù	tableware

Lesson 38

二、生词练习

1. 资料
    学习用的资料｜研究用的资料｜复习资料｜资料室｜整理一下儿资料
2. 扔
    扔垃圾｜扔进垃圾桶｜把废纸扔掉｜扔在地上
3. 教授
    他是这个大学的教授｜听张教授讲课
4. 书房
    这是他的书房｜他有一间书房｜他在书房工作
5. 找不到
    我找不到钥匙｜他放的东西我找不到｜找不到资料
6. 乱
    马路上很乱｜他的书房又脏又乱｜我心里很乱｜别在墙上乱写｜不了解情况不要乱说话
7. 到处
    街上到处都是人｜地上到处是水｜到处都找不到
8. 废
    这是一张废纸｜工厂的废水｜不要乱扔废物
9. 烟
    买了一盒烟｜什么牌子的香烟｜拿出一枝烟来｜不要乱扔烟头｜屋子里有烟
10. 灰尘
    桌子上有很多灰尘｜擦掉灰尘｜灰尘掉了下来
11. 灰
    衣服上有一些灰｜桌子上的烟灰｜灰颜色的衣服
12. 乱七八糟
    东西放得乱七八糟｜门口乱七八糟地放了很多自行车
13. 理
    理一理房间｜理一下儿抽屉｜理一下儿书包｜理一理衣服

37

14. 堆
    门口有一堆垃圾|他遇到了一堆麻烦|桌子上堆着书
15. 灯
    打开了灯|买一个台灯|电灯坏了|路灯坏了|街上的红绿灯
16. 土
    窗台上有很多土|地上的尘土飞了起来|南方的红土和西部的黄土|地里有很多土豆
17. 垃圾
    垃圾桶|垃圾箱|垃圾车|把垃圾扫掉
18. 窗台
    窗台上有一些花儿|站在窗台前|把花儿放在窗台上
19. 全部
    作业全部做完了|工作全部结束了|你要的东西全部带来了
20. 桶
    垃圾桶|水桶|木桶|塑料(sùliào plastics)桶
21. 终于
    他的病终于好了|阿里终于来了|这本书终于看完了
22. 半天
    找了半天也没有找到|等了半天他终于来了|他半天没说话
23. 忽然
    我忽然觉得肚子疼|天忽然下雨了|门忽然打开了
24. 呀
    他是谁呀|你快来呀|你说什么呀|东西放在哪儿呀
25. 说不定
    说不定他已经走了|今天晚上说不定要下雨|他说不定不在家
26. 只好
    他不去，我只好一个人去|汽车开走了，我只好走回家|他病了，我只好带他去医院
27. 担心
    你担心什么|我担心时间不够|他妈妈担心他的安全|我担心他会生病

28. 还好

    杯子掉在地上，还好没有碎｜路上堵车，还好没迟到｜旅行的时候他病了，还好他带着药

29. 穿

    你喜欢穿什么衣服｜她没有穿大衣｜把毛衣穿上｜穿一双运动鞋

30. 脱

    把大衣脱下来｜脱了上衣｜脱了鞋和袜子

31. 工具

    把工具一样一样放好｜电工工具｜木工工具

32. 文具　餐具

    去文具店买文具｜桌子上放了一些餐具

三、句型与对话

句型 1　Sentence Pattern 1

他把<u>垃圾倒</u>了。
　　废纸　　　扔
　　资料　　　还
　　大衣　　　脱
　　重要的事　忘

对话　Dialogue
A：他把<u>垃圾倒</u>了吗？
B：他把<u>垃圾倒</u>了。

句型 2　Sentence Pattern 2

你去把<u>房间理</u>一<u>理</u>。
　　窗台上的土　　擦
　　台灯上的灰尘　擦
　　垃圾　　　　　扫
　　资料　　　　　理

对话　Dialogue
A：要把<u>房间理</u>一<u>理</u>吗？
B：你去把<u>房间理</u>一<u>理</u>。

句型 3　Sentence Pattern 3

请你把<u>工具整理</u>一下儿。
　　课文　　翻译
　　烟头　　扫
　　烟灰　　擦
　　书房　　打扫

对话　Dialogue

A：我帮你<u>整理</u>什么？
B：请你把<u>工具整理</u>一下儿。

句型 4　Sentence Pattern 4

我把<u>资料看</u>了一遍。
　　课文　　念
　　生词　　写
　　这本书　复习
　　录音　　听

对话　Dialogue

A：你把<u>资料看</u>了几遍？
B：我把<u>资料看</u>了一遍。

句型 5　Sentence Pattern 5

<u>他的房间</u>又<u>脏</u>又<u>乱</u>。
　　坐飞机　　快　　安全
　　孩子们　　累　　饿
　　小伙子们　高兴　羡慕
　　今天天气　刮风　下雨

对话　Dialogue

A：<u>他的房间</u>怎么样？
B：<u>他的房间</u>又<u>脏</u>又<u>乱</u>。

句型 6　Sentence Pattern 6

<u>找</u>了半天也没有<u>找到</u>。
　　听　　　　听懂
　　看　　　　看清楚
　　检查　　　检查出来
　　擦　　　　擦干净

对话　Dialogue

A：<u>找到</u>了吗？
B：<u>找</u>了半天也没有<u>找到</u>。

四、复练

1. A：你把什么扔了？
   B：我把垃圾扔了，把废纸也扔了。我把没有用的东西全部都扔了。

2. A：你要我做什么？
   B：你把工具整理一下儿，把文具放在书包里，把餐具洗一洗。

3. A：你把什么书还了？
   B：我把上个星期借的书还了，我把这个星期借的书也还了。

4. A：要不要把鞋脱了？要不要把袜子也脱了？
   B：请你把鞋脱了，但是不要把袜子也脱了。

5. A：你把资料给谁了？
   B：我把中文资料给阿里了，我把英文资料给马丁了。

6. A：要不要把书上的错改一下儿？
   B：把第一页的错改一下儿，把第二页的错也改一下儿。

7. A：你的房间收拾过了吗？
   B：收拾过了。我把地扫了扫，把桌子擦了擦，把东西理了理。

8. A：我们开车去还是骑车去？
   B：开车去又快又安全，骑车去又累又危险，我们开车去吧。

9. A：小张和小李为什么身体不好？
   B：他们两个又喝酒又吸烟，身体当然不好。

10. A：这条马路好走还是那条马路好走？
    B：这条马路人又多车又多，常常堵车。那条马路人又少路又好，很好走。

五、复述课文

你能帮我打扫一下儿房间吗？把地扫一扫，把桌子理一理，把窗台上的土擦一擦，把废纸扔了，把垃圾倒了。书架上有一些资料，别把我的资料扔了呀！

六、阅读课文

别把我的资料扔了呀

　　李教授平时不要太太打扫他的书房，因为打扫过以后他常常找不到东西。他说他自己会打扫，可是他自己又没有时间打扫。所以他的书房总是又脏又乱，到处都是废纸、烟头和灰尘。有一天他太太看到书房乱七八糟，觉得不应该这样，就决定把书房打扫一下儿。

　　她把桌子上的东西理了理，放成一堆。又把台灯上的土擦了擦，把烟头扫干净，把废纸和垃圾都倒了。窗台上有一堆纸，已经很旧，好像是没有用的废纸。她把这些废纸全部都扔进了垃圾桶。忙了一个上午，她终于把书房打扫干净了。

　　第二天李教授找他的资料，找了半天也没找到。忽然他知道发生了什么，他赶紧对太太说："放在窗台上的是我的研究资料，很重要，不是垃圾，别把我的资料扔了呀！"

　　外边的垃圾桶每24小时就有工人推来一辆小车把垃圾拉走，说不定现在工人已经把垃圾拉走了。要是工人把垃圾拉走了，那就完了，那些资料就不可能找回来了。快去找！

　　他们俩只好急忙跑到垃圾桶那儿。还好，工人还没有把垃圾拉走。他们在垃圾桶中找了半天，终于把资料捡了回来。刚才他们真担心找不到。

根据课文判断下列句子的对错

1. 李太太平时不愿意打扫书房。　　　　　　　　　（　　）
2. 李教授常常吸烟。　　　　　　　　　　　　　　（　　）
3. 窗台上有一堆废纸。　　　　　　　　　　　　　（　　）
4. 垃圾桶在他们家里。　　　　　　　　　　　　　（　　）
5. 李教授的书房又脏又乱是因为他和太太都很懒。　（　　）
6. 李教授在书房里没有找到他的资料。　　　　　　（　　）
7. 李教授的资料在垃圾桶里。　　　　　　　　　　（　　）
8. 资料在垃圾桶里放了两个小时。　　　　　　　　（　　）

9. 李太太以后会常常打扫书房。　　　　　　（　　）
10. 李教授的书房以后一定还是又脏又乱。　　（　　）
11. 李教授找到了资料。　　　　　　　　　　（　　）

七、语法

1 "把"字句(2)　　The "把" structure (2)

"把"字句的动词后，除了结果补语、趋向补语以外，也可以用动词重叠、"一下儿、了、一遍"等。所以"把"字句的格式是：

Besides the resultant and directional complements, the repeated verbs or "一下儿、了、一遍" can also be used after the verb in the "把" structure. The following table shows how the "把" structure should be used.

主语	把	宾语	动词	其他成分
我	把	那本词典	递	给他了。
你	把	衣服	洗	一下儿。
你	把	这杯咖啡	喝	了。
我	把	课文	念了	一遍。
我	把	桌子	擦	擦。
他	没把	钱	给	我。
他	把	房间	打扫得	干干净净。

"把"字句的动词后一般都有其他成分，不能说："你把桌子擦。"

"把"字句的宾语都是确定的、已知的，所以可以说："他把这本书给我。"但不能说："他把一本书给我。"

The verb of the "把" structure usually takes other elements. One cannot say "你把桌子擦".

The objects are all definite, so one can say "他把这本书给我", but cannot say "他把一本书给我".

2 "又……又……"　　The usages of "又……又……"

这个格式表示几个动作、几种状态或情况累积在一起。例如：

This structure indicates that several actions or conditions exist at the same time, e.g.

1. 几种状态累积在一起，可以是"又+形容词₁+又+形容词₂"。例如：
When several conditions are put together, the form "又 + adj.₁ + 又 + adj.₂" can be used, e. g.

(1) 他们卖的东西又好又便宜。
(2) 他的屋子总是又干净又整齐。
(3) 走了一天的路，他觉得又累又饿。

也可以是"名词₁+又+形容词₁+名词₂+又+形容词₂"。例如：
The structure "noun₁ + 又 + adj.₁ + noun.₂ + 又 + adj.₂" can also be used, e. g.

(4) 那个地方山又高路又不好走。
(5) 这几课课文又长生词又多。
(6) 那儿人又多房间又小，很不舒服。

2. 几个动作累积在一起。例如：
It can be used when several actions are taken at the same time, e. g.

(7) 那天晚上他们又唱歌又跳舞，睡得很晚。
(8) 他又会写又会画，很聪明。
(9) 你又抽烟又喝酒，这样对身体很不好。

3. 几种情况累积在一起。例如：
when several conditions exist at the same time, e. g.

(10) 那天晚上又刮风又下雨。
(11) 他在那儿又是学生又是老师。
(12) 妻子不在家，他又当爸爸又当妈妈，很辛苦。

3 "半天"　a long time

"半天"常常用来夸张时间，并不是真的半天时间。例如：
"半天" is often used to exaggerate a long time, but does not really mean half a day, e. g.

(1) 张老师看了半天说："你的衣服穿反了。"（也许只看了几分钟）
(2) 我已经等了你半天了。（也许只等了十几分钟）
(3) 找了半天也没找到。（也许只找了几分钟）
(4) 写了半天都写错了。（也许只写了一个小时）

第 39 课

本课重点

1. 老师叫我们回答问题。
2. 老板让他接电话。
3. 大夫要他在家休息。
4. 他买了两本杂志,一本中文的,另一本英文的。
5. 开车的是阿里,坐车的是马丁。

一、生词

1.	让	（动）	ràng	let
2.	叫	（动）	jiào	ask, order
3.	行人	（名）	xíngrén	pedestrian
4.	正好	（形）	zhènghǎo	just, exactly
5.	路过	（动）	lùguò	to pass by
6.	适合	（动）	shìhé	to suit, fit
7.	解释	（动）	jiěshì	to explain
8.	大人	（名）	dàrén	adult
9.	孩子	（名）	háizi	child
	男孩子		nán háizi	boy
	女孩子		nǚ háizi	girl
10.	身材	（名）	shēncái	figure
11.	领	（动）	lǐng	lead, usher, take
12.	挑	（动）	tiāo	to choose, select
13.	表演	（动）	biǎoyǎn	to perform
14.	节目	（名）	jiémù	program
15.	句	（量、名）	jù	sentence

	句子	（名）	jùzi	sentence
16.	造	（动）	zào	make；build
	造句		zào jù	to make a sentence
17.	查	（动）	chá	to look up, consult, look into
18.	复述	（动）	fùshù	to retell, repeat
19.	演员	（名）	yǎnyuán	actor, actress
20.	家具	（名）	jiājù	furniture
21.	跳舞		tiào wǔ	to dance
22.	专门	（形）	zhuānmén	special
23.	看法	（名）	kànfǎ	view
24.	接	（动）	jiē	to meet, answer (the phone)
	接人		jiē rén	to meet sb.
	接电话		jiē diànhuà	to answer the phone
25.	客人	（名）	kèrén	visitor, guest
26.	个子	（名）	gèzi	height, stature
27.	高	（形）	gāo	tall, high
28.	矮	（形）	ǎi	(of stature) short；low
29.	瘦	（形）	shòu	thin, tight
30.	人员	（名）	rényuán	personnel, staff
31.	杂志	（名）	zázhì	magazine
32.	旅行袋	（名）	lǚxíngdài	travelling bag

二、生词练习

1. 让

   老师让他回答问题｜他让我等一会儿｜医生让他好好儿休息

2. 叫

   老板叫他搬箱子｜老师叫他别迟到｜他叫我把门关上

3. 行人

   路上有很多行人｜街上的行人｜晚上街上没有行人

Lesson 39

4. 正好

    他走进教室时，正好打上课铃｜走到车站，车正好来了｜今天正好是星期六，我可以跟你一起去

5. 路过

    我从邮局门口路过｜我每天都路过那儿｜路过北京饭店

6. 适合

    这样的天气适合爬山｜我不适合当老师｜这件衣服适合你穿

7. 解释

    他给我作了解释｜他解释得不清楚｜他没有解释

8. 大人

    有一个大人带着一个小孩儿｜这孩子没有跟大人一起来

9. 孩子

    他们家有三个孩子｜男孩子｜女孩子｜孩子和大人

10. 身材

    她的身材很好｜漂亮的身材｜阿里的身材太高

11. 领

    我领客人去参观｜经理领他去见老板｜你们要是不认识路，我可以领路

12. 挑

    买衣服应该挑一挑｜她挑了一件白毛衣｜挑了几个苹果

13. 表演

    表演京剧｜表演节目｜表演得很好｜请他们表演

14. 节目

    看今晚的电视节目｜没有好看的节目｜我不看这样的节目｜一个节目

15. 句

    说了一句话｜这个句子没听懂｜听写句子｜一个很长的句子

16. 造

    他们造了一条船｜他在造纸厂工作｜用这个词造一个句子｜造房子

17. 查

    查词典｜查资料｜查一查地图｜查电话号码｜查到了吗｜检查身体

47

18. 复述

    复述课文｜老师叫我们复述课文｜把课文复述了一遍

19. 演员

    请演员表演节目｜京剧演员｜电影演员｜他想当演员

20. 家具

    买一套家具｜新家具｜旧家具｜家具商店

21. 跳舞

    我不会跳舞｜请他跳了一个舞｜他们又唱歌又跳舞

22. 专门

    这个商店专门卖衣服｜这是专门给留学生看的书｜他专门去上海看她｜这两年他专门研究京剧

23. 看法

    你有什么看法｜这是我的看法｜他的看法不正确｜请谈一谈你对这件事的看法

24. 接

    去飞机场接人｜我到上海以后没有人接我｜电话铃响了半天没有人接｜他叫你去接电话

25. 客人

    今天他家有客人｜他领着客人去参观｜给客人们倒茶｜请客吃饭｜今天谁请客

26. 个子

    阿里个子很高｜1.90米的大个子

27. 高

    高个子｜这座山很高｜高楼｜温度很高｜发高烧

28. 矮

    他个子很矮｜矮个子｜很矮的房子

29. 瘦

    马丁很瘦，阿里很胖｜这件衣服太瘦｜买一斤瘦肉

30. 人员

    机场的工作人员｜所有的工作人员

31. 杂志

    买一本杂志｜英文杂志｜中文杂志

32. 旅行袋

   提起旅行袋去旅行｜旅行袋放在那儿｜买一个旅行袋

三、句型与对话

句型 1　Sentence Pattern 1

老师叫我们回答问题。
　　　　　复述课文
　　　　　查词典
　　　　　表演节目
　　　　　造句

对话　Dialogue
A：老师叫你们做什么？
B：老师叫我们回答问题。

句型 2　Sentence Pattern 2

他们请我解释这个问题。
　　经理　介绍情况
　　客人　看京剧
　　演员　表演节目
　　你　　谈谈自己的看法

对话　Dialogue
A：他们请你做什么？
B：他们请我解释这个问题。

句型 3　Sentence Pattern 3

老板让他接电话。
　　经理　去机场接客人
　　他们　搬家具
　　他　　领客人参观
　　我　　专门去一次天津

对话　Dialogue
A：老板让他做什么？
B：老板让他接电话。

句型 4　Sentence Pattern 4

大夫要他在家休息。
　　经理　　明天再来
　　他太太　挑一个大的
　　大家　　解释清楚
　　阿里　　把窗户打开

对话　Dialogue
A：大夫要他做什么？
B：大夫要他在家休息。

49

句型 5　Sentence Pattern 5

他买了两本杂志，一本中文的，另一本英文的。
送来	张	电影票	今天	明天
领进来	个	小伙子	高	矮
挑了	件	衣服	大人穿	小孩儿穿
搬上来	台	电脑	新	旧

对话　Dialogue

A：他买了几本杂志？
B：他买了两本杂志，一本中文的，另一本英文的。

句型 6　Sentence Pattern 6

开车的是阿里，坐车的是马丁。
唱歌	跳舞
穿红毛衣	穿蓝毛衣
提箱子	提旅行袋
表演节目	看节目

对话　Dialogue

A：开车的是谁？坐车的是谁？
B：开车的是阿里，坐车的是马丁。

四、复练

1. A：他请你做什么？他请阿里做什么？
   B：他请我翻译这个句子，他请阿里翻译课文。

2. A：老师让你们做什么？
   B：老师让我复述课文，老师让别人查词典。

3. A：他父亲让他做什么？他父亲让他弟弟做什么？
   B：他父亲让他做生意，他父亲让他弟弟也做生意。

4. A：昨天老板叫他做什么？今天老板叫他做什么？
   B：昨天老板叫他搬家具，今天老板还叫他搬家具。

5. A：有人领你去教室吗？有人领你去办公室吗？
   B：没有人领我去教室，也没有人领我去办公室。

6. A：谁不让他喝酒？谁不让他吸烟？
   B：他太太不让他喝酒，他太太不让他吸烟。

7. A：京剧你看星期几的？话剧你看星期几的？
   B：京剧我看星期一的，话剧我看星期五的。

8. A：毛衣你们喜欢什么颜色的？
   B：我喜欢黑的，他喜欢白的。

9. A：我的身材适合穿什么衣服？他的身材适合穿什么衣服？
   B：你的身材适合穿长的，他的身材适合穿短的。

10. A：他有几个孩子？
    B：他有两个孩子。大的八岁，小的五岁。

五、复述课文

老板叫我到机场去接两个客人。一个个子高的，另一个个子矮的。个子高的叫阿里，个子矮的叫马丁。客人我接到了，可是他们的行李出了问题，阿里的到了，马丁的没有到。怎么办？机场工作人员叫我们等一等。

六、阅读课文

（一）你的衣服穿反了吧

有一家商店专门卖衣服。老板在门口说他们的衣服又好又便宜，请行人进去看看。那一天我正好路过那里，老板让我进去，我就进去了。进门一看，他们的衣服肥的太肥，瘦的太瘦，长的太长，短的太短，没有合适的。我问老板："为什么你们的衣服没有合适的？"

老板说:"我们的衣服有各种号码的,有大人穿的,也有孩子穿的。里边的屋子有适合您穿的。"

他叫一个售货员领我到里边。售货员让我自己挑,我挑了一件样子很奇怪的上衣。这件衣服口袋在后边,前边没有口袋。

第二天我穿这件衣服去上课,大家都说:"衣服的口袋在后边放东西不方便。不能放东西的口袋有什么用?"下课的时候,老师走过来看了半天,说:"张文,你的衣服穿反了吧?"

大家都笑了。以后这件衣服我再也没有穿过。

根据课文判断下列句子的对错

1. 买这件奇怪衣服的人叫张文。　　　(　　)
2. 他那天是专门去买衣服的。　　　　(　　)
3. 在门口请行人进去看看的人是老板。(　　)
4. 他先看到了一些不合适的衣服。　　(　　)
5. 里边还有一个卖衣服的屋子。　　　(　　)
6. 他自己找到了里边的屋子。　　　　(　　)
7. 新买的衣服他只穿过一次。　　　　(　　)
8. 后来他还是很喜欢这件衣服。　　　(　　)

(二) 每天接送孩子

我每天上班都要路过两个学校。东边的是一个小学,西边的是一个中学。

每天下午四点,小学的老师都要教孩子们唱歌、跳舞。学校还常常请演员来教孩子们,所以孩子们唱歌唱得很好,跳舞也跳得很好。他们有时候还在电视里表演节目。很多父母都愿意把孩子送到这个学校来上学。有些孩子的家离学校比较远,上学的时候必须父母送,放学的时候也要父母接他们回家。因此每天下午五点,有很多接孩子的人等在学校门口。有的人看到这种情况就说:"现在的孩子越来越不行了,上学还要父母接送。我们小时候都是自己上学的。"

其实，这些孩子的家离学校太远，一个人走这么远的路不安全，父母当然应该接送孩子。

根据课文判断下列句子的对错

1. 课文中说的是中学的情况。　　　　　　　　　　（　　）
2. 学校的老师是演员。　　　　　　　　　　　　　（　　）
3. 孩子们只在学校里表演节目。　　　　　　　　　（　　）
4. 所有的孩子都住在学校附近。　　　　　　　　　（　　）
5. 愿意让孩子到这个学校上学的人很多。　　　　　（　　）
6. 每天放学的时候学校门口有很多人接孩子。　　　（　　）
7. 有的人觉得父母不应该接孩子。　　　　　　　　（　　）
8. 觉得父母不应该接孩子的人是不了解情况，所以她们的看法是不对的。

　　　　　　　　　　　　　　　　　　　　　　（　　）

七、语法

1 兼语句　Pivotal sentences

1. 有一种动词谓语句，谓语有两个动词，前一个动词的宾语又是后一个动词的主语（称做兼语），这种句子叫兼语句。兼语句的前一个动词常常是"请""让""叫"等。例如：

In some sentences the predicate is composed of two verbs, and the object of the first verb is the subject of the second verb. Such sentences are called pivotal sentences, in which the first verb is often "请", "让" or "叫", etc., e.g.

（1）他请我吃饭。
（2）老师叫你去。
（3）他让我写什么？

否定式是把否定词放在第一个动词前。例如：

The pivotal sentence is negated by putting the negative word in front of the first verb, e. g.

（4）他不请我吃饭。
（5）老师没叫你去。
（6）他不让我看书。

2. 有些兼语句的主语、兼语可以省略。例如：
Imperative sentences are a type of pivotal sentences, whose subjects and pivotal elements can be omitted, e. g.

(7) 请你回答这个问题。(省略主语)
(8) 叫他来。(省略主语)
(9) 请坐。(省略主语和兼语)
(10) 请喝茶。(省略主语和兼语)

3. "有"可以做兼语句的第一个动词。例如：
"有" can serve as the first verb in a pivotal sentence, e. g.

(11) 有人找你。
(12) 有一个人出来了。
(13) 我们班有很多同学参加比赛。
(14) 他有一个朋友是医生。
(15) 没有人知道他在哪儿。

"有"的宾语必须是不确定的"人"，如"很多同学""一个朋友"等，不能是确定的一个人，比如"阿里""王老师"等。

The object of "有" must be indefinite "person" or "people", for example, "很多同学" (many schoolmates) or "一个朋友" (a friend); it cannot be a definite person, e. g. "阿里""王老师", etc.

2 "的"字结构(2)　　The "的" structure(2)

有些名词、动词、形容词可以和"的"字组成"的"字结构，在句中做主语或宾语，表示限定和分类，用以区别其他的人或行为等。这时中心语通常要前置，或者话题在前边的语境中已经很清楚。例如：

Some nouns, verbs or adjectives can form the "的" structure with "的", serving as the subject or object in a sentence to modify or categorize, which is used to distinguish from other persons or actions. In this case, the central word is usually preposed or the subject has been stated clearly in the former context.

1. 做主语　As the subject

(1) 两个孩子大的八岁，小的五岁。
(2) 交作业？昨天的已经交了，今天的还没有做完。

Lesson 39

(3) 他们现在生活很好，吃的、穿的、用的都不缺。

(4) 开车的是一个老人。

(5) 文章有两篇，我写的是这一篇，他写的是那一篇。

2. 做宾语　As the object

(6) 我要那个蓝的，不要这个白的。

(7) 他喜欢画的，不喜欢写的。

(8) 我看晚上七点半的。

(9) 我买今年的，不买去年的。

3. "的"字结构还可以独立运用，用来回答问题，多用于口语。例如：
The "的" structure can also be used independantly or to answer questions, and it is very common in spoken Chinese, e. g.

(10) A：你是干什么的？

　　　B：开车的。（教书的、理发的、做买卖的、修车的……）

(11) A：放个箱子是做什么用的？

　　　B：放书的。

55

第 40 课

本课重点

1. 我想喝一点儿水。
2. 请你慢一点儿。
3. 我有一点儿饿。
4. 这样做有一点儿问题。
5. 那儿一点儿变化都没有。

一、生词

1.	有一点儿		yǒu yìdiǎnr	there is a bit/a little; to have a bit/a little
2.	变化	（名、动）	biànhuà	change, to change
3.	不是……就是……		bú shì……jiù shì……	either ... or ...
4.	领子	（名）	lǐngzi	collar
5.	袖子	（名）	xiùzi	sleeve
6.	窄	（形）	zhǎi	narrow
7.	紧	（形）	jǐn	tight; urgent
8.	一……也/都(不/没)……		yī……yě/dōu(bù/méi)……	not the least bit
9.	错误	（名）	cuòwù	mistake, error
10.	经验	（名）	jīngyàn	experience
11.	首	（量）	shǒu	a measure word for songs or poems
12.	希望	（动、名）	xīwàng	hope; to hope
13.	毛病	（名）	máobìng	illness, trouble, defect, bad habit

Lesson 40

14.	普通	（形）	pǔtōng	ordinary, common
	普通话	（名）	pǔtōnghuà	mandarin
15.	方言	（名）	fāngyán	dialect
16.	明白	（动、形）	míngbai	understand, clear
17.	篇	（量）	piān	*a measure word for essays, articles, etc.*
18.	文章	（名）	wénzhāng	article, essay
19.	联系	（名、动）	liánxì	contact; touch
20.	服装	（名）	fúzhuāng	clothing, dress
	服装店	（名）	fúzhuāngdiàn	clothing store
21.	抱怨	（动）	bàoyuàn	complain
22.	戴	（动）	dài	wear
23.	眼镜	（名）	yǎnjìng	glasses
24.	可惜	（形）	kěxī	it's a pity
25.	像	（动）	xiàng	be like; take after
26.	熟悉	（动）	shúxī	be familiar with
27.	陌生	（形）	mòshēng	unfamiliar
28.	不好意思		bù hǎo yìsi	feel embarrassed
29.	痛	（形）	tòng	painful
30.	过	（动）	guò	to spend
31.	日子	（名）	rìzi	day, time, life
32.	收获	（名）	shōuhuò	results, gains, rewards
33.	想家		xiǎng jiā	be homesick

专有名词

广州	Guǎngzhōu	Guangzhou (a city in Guangdong Province)

二、生词练习

1. 有一点儿

   我有一点儿累|他有一点儿感冒|今天天气有一点儿冷|这样做有一点儿问题|外边有一点儿风|他有一点儿想家

2. 变化

   情况有一点儿变化|事情发生了变化|最近没有变化|情况有什么变化|变化不大

3. 不是……就是……

   天气不好,不是刮风,就是下雨|他最近常常生病,不是感冒就是咳嗽|他不在北京,不是去天津了,就是去上海了

4. 领子

   衣服的领子|大衣的领子|这件衣服领子太大|没有领子的衣服

5. 袖子

   毛衣的袖子|短袖衬衣|长袖衬衣|衣服的袖子脏了

6. 窄

   这条马路太窄|衣服的袖子太窄|这里的楼道有点儿窄

7. 紧

   这双鞋太紧了|我觉得领子有点儿紧|完成这个工作时间有点儿紧

8. 一……也/都(不/没)……

   他一次也没去|我一点儿也不知道|我一天都没学过|我一点儿都没听懂

9. 错误

   他的文章有一点儿错误|这句话的语法有一点儿错误|错误的想法|错误的做法|发生了错误

10. 经验

    他没有工作经验|我有学语言的经验|他的经验不够|要有一点儿经验

Lesson 40

11. 首

    唱一首歌｜这首歌很好听｜那首歌一点儿也不好听

12. 希望

    他希望上大学｜我希望你早一点儿回来｜这件事还有希望

13. 毛病

    这辆汽车有点儿毛病｜检查了半天没有毛病｜他有咳嗽的毛病｜迟到是他的老毛病

14. 普通

    他是一个普通人｜普通工作人员｜他不会说普通话｜这种房子很普通

15. 方言

    我不懂方言｜他会讲上海方言｜中国有八大方言区

16. 明白

    他不明白你的话｜我听明白了｜他说得很明白

17. 篇

    一篇课文｜一篇文章｜短篇小说｜长篇小说

18. 文章

    写了一篇文章｜报纸上的文章｜这篇文章有3000(个)字

19. 联系

    他跟阿里没有联系｜我跟他现在还有联系｜我们有一点儿联系，但是不常写信

20. 服装

    女式服装｜男式服装｜中式服装｜服装厂生产各种服装｜服装店

21. 抱怨

    他常常抱怨天气不好｜他们抱怨工资太少｜大家抱怨工作太累

22. 戴

    冬天应该戴帽子(màozi hat)｜没戴手套(shǒutào gloves)他觉得冷｜戴眼镜的是我朋友｜他有一点儿近视，必须戴眼镜

23. 眼镜

    近视眼镜｜远视眼镜｜去眼镜店配(pèi test and buy)眼镜

24. 可惜

    你没有去，很可惜｜可惜我不知道｜这么漂亮的花瓶，可惜掉在地上摔碎了｜错过机会很可惜

59

25. 像

    这孩子像他父亲｜妹妹跟姐姐长得很像｜他们两个有一点儿像

26. 熟悉

    我对阿里很熟悉｜我熟悉这种工作｜他对北京不太熟悉｜我的一个熟人

27. 陌生

    来了一个陌生人｜我对这种工作很陌生｜我对他一点儿也不陌生｜来到一个陌生的地方

28. 不好意思

    迟到了，他觉得不好意思｜见了陌生人，她有点儿不好意思｜他不好意思地说："我写错了。"

29. 痛

    我胃有一点儿痛｜你嗓子痛不痛｜我头痛了一天

30. 过(动)

    在北京过了一个夏天｜过了一会儿他就回来了｜在上海过暑假｜他在中国过生日｜过了一些日子他收到了包裹

31. 日子

    这些日子他很忙｜他在家的日子不多｜过普通人的日子｜他们的日子不好过

32. 收获

    有很大的收获｜看了这本书有一点儿收获｜学了一个月，他一点儿收获也没有

33. 想家

    她有一点儿想家了｜刚离开家的时候，他常常想家

三、句型与对话

句型 1　Sentence Pattern 1

我想喝一点儿水。

　　吃　　东西
　　买　　茶叶
　　换　　钱

对话　Dialogue

A：你想喝什么？
B：我想喝一点儿水。

Lesson 40

句型 2　Sentence Pattern 2

请你慢一点儿。
　　快
　　大声
　　小声
　　早(一点儿)来
　　晚(一点儿)走

对话　Dialogue

A：要不要慢一点儿？
B：请你慢一点儿。

句型 3　Sentence Pattern 3

我有一点儿饿。
　　这双鞋　　紧
　　这条路　　窄
　　他的房间　脏
　　这篇文章　难

对话　Dialogue

A：你饿不饿？
B：我有一点儿饿。

句型 4　Sentence Pattern 4

这样做有一点儿问题。
　　情况　　　变化
　　他的发音　错误
　　我跟他　　联系
　　这件事　　希望

对话　Dialogue

A：这样做有没有问题？
B：这样做有一点儿问题。

句型 5　Sentence Pattern 5

他有点儿感冒。
　　我　　肚子痛
　　夏子　想家
　　他　　不好意思
　　阿里　失望

对话　Dialogue

A：他是不是感冒了？
B：他有点儿感冒。

句型 6　Sentence Pattern 6

这首歌一点儿也不好听。
　　他的话我　　　明白
　　这孩子　　　像他爸爸
　　北京我　　　熟悉
　　阿里唱得　　好

对话　Dialogue
A：这首歌好听吗？
B：这首歌一点儿也不好听。

句型 7　Sentence Pattern 7

我们一点儿都没有准备。
　　　　　　听懂
　　　　　　休息
　　　　　　看见

对话　Dialogue
A：你们准备了吗？
B：我们一点儿都没有准备。

句型 8　Sentence Pattern 8

那儿一点儿变化都没有。
　　他的作业　　　错误
　　这个小伙子　　经验
　　这辆车　　　　毛病
　　这件事　　　　希望
　　我们　　　　　收获

对话　Dialogue
A：那儿有没有变化？
B：那儿一点儿变化都没有。

四、复练

1. A：你们想喝点儿什么？
   B：他想喝点儿咖啡，我喝点儿茶就行了。

2. A：上海人会说普通话吗？广州人会说普通话吗？
   B：上海人会说一点儿普通话，广州人也会说一点儿普通话。

3. A：这两篇文章有没有错误？
   B：这一篇有一点儿错误，那一篇一点儿错误也没有。

4. A：这两个星期你们有没有收获？
   B：上个星期有一点儿收获，这个星期一点儿收获也没有。

5. A：衣服和裤子都合适吗？
   B：这件衣服大了一点儿，这条裤子长了一点儿。

6. A：你们为什么戴眼镜？
   B：我的眼睛有点儿近视，他的眼睛也有点儿近视，所以只好戴眼镜。

7. A：你怎么了？
   B：我的嗓子有点儿痛，可能嗓子有点儿发炎了。

8. A：你们俩有没有经验？
   B：他有一点儿经验，我一点儿经验都没有。

9. A：阿里是不是有点儿胖？马丁是不是也有点儿胖？
   B：马丁有一点儿胖。我觉得阿里一点儿也不胖。

10. A：你晚上做什么？
    B：不是做作业就是看电视，每天都一样。

11. A：你不去玩儿，错过机会很可惜。
    B：错过玩儿的机会一点儿也不可惜，错过学习的机会我觉得有一点儿可惜。

五、复述课文

我刚学了两个月，只会说一点儿汉语。普通话要是说得慢一点儿，我能听懂一点儿。方言我一点儿也不懂，我觉得汉语有点儿难。我希望到明年夏天，我能听懂得多一点儿，说得流利一点儿。

六、阅读课文

人们常常抱怨

街上有很多服装店，店里有各种各样的衣服，但是人们还是常常抱怨没有合适的衣服，因为店里的衣服他们一点儿也不喜欢。

小红姑娘今年22岁，爱打扮，最爱逛的地方是服装店。各种服装店，大一点儿的或者小一点儿的，贵一点儿的或者便宜一点儿的，她都要进去看看。可是因为她的个子高了一点儿，也胖了一点儿，所以很难买到合适一点儿的衣服。样子好看一点儿的衣服，她一试，可惜不是有点儿小，有点儿短，就是领子有点儿紧，袖子有点儿窄。她能穿的衣服呢，样子一点儿也不好看。所以她每次去买衣服收获都不大，逛了半天常常一件衣服也没有买到。有的时候她真有点儿生气，样子好看一点儿的衣服为什么做得那么瘦！

其实服装店和服装厂也很着急。生产了那么多服装没有人买，他们的日子很不好过。他们为什么不生产一些人们喜欢的服装呢？也许他们不知道人们喜欢穿什么样的衣服，所以他们应该去了解市场。

根据课文回答下列问题

1. 街上的服装店多吗？
2. 小红去什么地方买衣服？
3. 她买到合适的衣服了吗？
4. 小红姑娘的身材怎么样？
5. 样子好看的衣服她为什么不买？
6. 她能穿的衣服为什么不买？
7. 逛了半天服装店，她有收获吗？
8. 她抱怨什么？
9. 服装厂为什么着急？
10. 服装厂为什么不生产人们喜欢的衣服？

七、语法

1 "一点儿"　a bit, a little

1. "一点儿"是数量词，表示数量少，常常用在动词后，名词前。例如：
"一点儿", a measure word, indicates a small amount. It is usually placed after a verb and before a noun, e.g.

(1) 喝一点儿水　　　吃一点儿饭
(2) 买一点儿东西　　换一点儿钱

Lesson 40

如果语境清楚，后边的名词也可以省略。例如：
If the context is clear, the noun after it can be omitted, e.g.

(3) A：你喝不喝水？
　　B：喝一点儿。

2. 在"有+名词"这种结构中，如果名词所代表的不是某个事物的整体，如桌子、人等；"有"和名词之间常常加"一点儿"表示其中的数量少。例如：
In the structure "有 + noun", when the thing indicated by the noun is not an entirety, such as a table or person, "一点儿" can be put between "有" and the noun, which means a small amount, e.g.

有时间 ⟶ 有一点儿时间

(4) 有办法　　有研究　　有兴趣　　有事儿　　有联系
(5) 有经验　　有准备　　有问题　　有变化　　有毛病
(6) 有风　　　有雨　　　有希望　　有错误

3. "一点儿"在形容词后有比较的意思。例如：
When "一点儿" goes after an adjective, it has a meaning of comparison, e.g.

(7) 这件衣服大了一点儿，有没有小一点儿的？

在"一点儿"前常见的形容词有"大、小、长、短、肥、瘦、贵、便宜、新、旧、深、浅、红"等。
The frequently used adjectives in front of "一点儿" are "大、小、长、短、肥、瘦、贵、便宜、新、旧、深、浅、红", etc.

以上这些"一点儿"的用法和"一些"差不多，可以用"一些"来替换"一点儿"。通常"一些"表示的数量比"一点儿"多。
In such sentences, "一点儿" can be replaced by "一些", which is similar in usage. Usually, "一些" is a little more than "一点儿".

2 "有(一)点儿"　　there is a little/a bit; to have a bit/a little

1. "有(一)点儿"表示程度，是副词，在动词或形容词前做状语。"有(一)点儿"通常表示一种感觉，如果是在形容词前，常常表示不太好、不满意的感觉。例如：
"有(一)点儿", an adverb, indicates a degree, which is put before a verb or

65

an adjective to serve as an adverbial. It is often used to express one's feelings. When used before an adjective, it means not good enough or not satisfactory, e. g.

  (1) A：你累不累？
    B：有点儿累。

跟"有点儿"常在一起组合的形容词有"饿、渴、累、疼、脏、瘦、肥、坏、冷、热、贵、大、小、长、短、难"等。例如：
Such adjectives as "饿、渴、累、疼、脏、瘦、肥、坏、冷、热、贵、大、小、长、短、难" are often used with "有点儿", e. g.

  (2) 我有点儿饿了。
  (3) 头有点儿疼。
  (4) 今天有点儿冷。

2. "有一点儿"还常常表示身体或心理上的一种不好的感觉。例如：
"有一点儿" is often used to express a sick feeling, either physically or psychologically, e. g.

  (5) 有一点儿感冒   有一点儿发烧
  (6) 有一点儿头疼（头有一点儿疼）
  (7) 有一点儿嗓子疼（嗓子有一点儿疼） 鼻子有一点儿不通
  (8) 有一点儿病了   有一点儿痒
  (9) 有一点儿麻   有一点儿发炎
  (10) 有一点儿失望   有一点儿生气
  (11) 有一点儿后悔   有一点儿紧张
  (12) 有一点儿骄傲   有一点儿想家

3. 因为"有一点儿"是副词，所以它可以放在否定副词之前。例如：
As "有一点儿" is an adverb, it can be put before the negative adverb "不", e. g.

  (13) 有一点儿不高兴   有一点儿没想到
  (14) 有一点儿不好意思   有一点儿不明白

3 一……也(都)…… The usage of "一……也(都)……"

"一……也(都)……"格式经常用于否定句中，强调"不"或"没有"。

例如：

This structure is often used in the negative form to emphasize "不" or "没有"，e.g.

(1) 这些人他一个也不认识。
(2) 我一分钟也没有休息。
(3) 他唱得一点儿也不好。
(4) 颐和园我一次也没去过。
(5) 我一点儿都没听懂。

第 41 课

本课重点

1. 这个地址我记住了。
2. 帽子找着了,手套没找着。
3. 这个教室能坐下20个人。
4. 电视机关上了。
5. 你怎么这么忙?

一、生词

1.	着	(动)	zháo	used after a verb as a complement of result
2.	锁	(名、动)	suǒ	lock;to lock
3.	意思	(名)	yìsi	meaning
4.	猜	(动)	cāi	guess
5.	年轻	(形)	niánqīng	young
	年轻人	(名)	niánqīngrén	young man
6.	帽子	(名)	màozi	hat
7.	手套	(名)	shǒutào	glove
8.	路口	(名)	lùkǒu	crossing
	十字路口		shízì lùkǒu	intersection, crossroads
	丁字路口		dīngzì lùkǒu	T-shaped road intersection
9.	红绿灯	(名)	hónglǜdēng	traffic lights
	红灯	(名)	hóngdēng	red light
	绿灯	(名)	lǜdēng	green light
10.	围巾	(名)	wéijīn	scarf, muffler

68

Lesson 41

11.	打听	（动）	dǎting	ask about
12.	变	（动）	biàn	to change
13.	住	（动）	zhù	used after some verbs as a complement of result
14.	闯	（动）	chuǎng	to rush
	闯红灯		chuǎng hóngdēng	to go against a red light
15.	碰	（动）	pèng	to run into
16.	警察	（名）	jǐngchá	police, policeman
17.	留	（动）	liú	to keep, stay, remain
18.	罚	（动）	fá	to fine
19.	倒霉		dǎo méi	unfortunate
20.	摘	（动）	zhāi	to pick; take off
21.	帘儿	（名）	liánr	screen
	窗帘儿	（名）	chuāngliánr	curtain
	门帘儿	（名）	ménliánr	door curtain
22.	草	（名）	cǎo	grass
23.	种	（动）	zhòng	to plant
24.	合	（动）	hé	to close, combine
25.	棵	（量）	kē	a measure word for trees, etc.
26.	课本	（名）	kèběn	textbook
27.	这么	（代）	zhème	so
28.	随手	（副）	suíshǒu	casually, conveniently
29.	例如	（动）	lìrú	for example
30.	为了	（介、动）	wèile	for the sake of, for
31.	使用	（动）	shǐyòng	use
32.	永远	（副）	yǒngyuǎn	always, forever

69

二、生词练习

1. 着

    书买着了│磁带借着了│地址打听着了│钥匙没找着│昨天晚上没睡着│我猜着了

2. 锁

    门上有一把锁│打开一把锁│门锁上了│他没有锁门

3. 意思

    这个词是什么意思│我不明白这句话的意思│这个词有很多意思│这句话有两个意思

4. 猜

    请你猜一猜│我猜着了│我猜他有四十多岁

5. 年轻

    阿里很年轻│年轻人喜欢玩儿│她年轻的时候很漂亮

6. 帽子

    戴上帽子│把帽子摘下来│今天他没有戴帽子

7. 手套

    戴上手套│摘下手套│一只手套找着了,另一只没找着

8. 路口

    路口有一个警察│十字路口│这是一个丁字路口

9. 红绿灯

    路口有红绿灯│红灯时车都停住了│绿灯可以通行

10. 围巾

    买一条围巾│他没有戴围巾│戴上围巾│长围巾│短围巾

11. 打听

    他打听阿里的地址│打听这个人的名字│没有打听着│别人的事不要打听

12. 变

    绿灯变成了红灯│情况变了│这个地方变了样│天气变暖和了

Lesson 41

13. 住

    车停住了｜他在门口站住了｜警察叫住了他｜杯子没拿住，摔碎了

14. 闯

    他闯了红灯｜他闯进了办公室｜不要让陌生人闯进来

15. 碰

    我在街上碰见了阿里｜正好碰上警察｜我碰着了一个好机会｜昨天我没碰着他｜他的头碰在门上

16. 警察

    前边有一个警察｜他弟弟想当警察｜交通警察

17. 留

    别人都走了，他留在家里｜我留下了电话号码｜请你留下地址

18. 罚

    警察罚了他20块钱｜乱停车要罚钱｜老板罚他去扫地

19. 倒霉

    他很倒霉，丢了钱包｜碰到了倒霉的事｜车刚开走，没赶上，真倒霉

20. 摘

    摘下帽子｜摘下手套｜摘下围巾｜摘下眼镜｜去农村摘西红柿｜把窗帘儿摘了下来

21. 帘儿

    拉开窗帘儿｜拉上窗帘儿｜冬天挂上门帘儿

22. 草

    门前有一块草地｜牛吃草｜食草动物

23. 种

    种花种草｜种了一棵树｜种蔬菜｜你会不会种菜

24. 合

    把书合上｜合上嘴｜把两个书架的书合在一起

25. 棵

    一棵树｜一棵草｜买一棵白菜｜门前有一棵苹果树

26. 课本

    新的课本｜汉字课本

27. 这么

　　这件行李这么重｜这儿的东西怎么这么贵｜办手续这么麻烦

28. 随手

　　他随手把东西放在桌子上｜用过以后随手扔掉了｜请随手关门

29. 例如

　　有些同学汉语说得很好，例如阿里、马丁｜北方的城市，例如北京、天津，冬天比较冷

30. 为了

　　为了学汉语，他来到了北京｜他学汉语为了以后当翻译

31. 使用

　　可以使用这种方法｜这是公用电话，大家都可以使用｜新楼还没有使用

32. 永远

　　我不想永远住在这儿｜我要永远记住你的话｜我永远不会忘记｜别人永远也不知道｜永远也不可能找到

三、句型与对话

句型 1　Sentence Pattern 1

这个地址我记住了。

这一课的生词	我记
汽车	停
他在门口	站
杯子	他拿

对话　Dialogue

A：这个地址你记住了吗？
B：这个地址我记住了。

句型 2　Sentence Pattern 2

帽子找着了，手套没找着。

词典	买	课本
唱片	借	磁带
小张	睡	我
我	猜	他
地址	打听	电话号码

对话　Dialogue

A：你找着了吗？
B：帽子找着了，手套没找着。

Lesson 41

句型 3　Sentence Pattern 3

这个教室能坐下20个人。
　　这个房间　　放　　两张桌子
　　这个楼　　　住　　50个人
　　这个停车场　停　　200辆车
　　这个电梯　　站　　15个人

对话　Dialogue
A：这个教室能坐下多少人？
B：这个教室能坐下20个人。

句型 4　Sentence Pattern 4

电视机关上了。
　　窗帘儿　拉
　　门　　　锁
　　书　　　合
　　灯　　　关

对话　Dialogue
A：电视机关上了吗？
B：电视机关上了。

句型 5　Sentence Pattern 5

他戴上了帽子。
　　他戴　　手套
　　他穿　　大衣
　　他骑　　自行车
　　他碰　　警察
　　门口种　一棵树

对话　Dialogue
A：他戴上了什么？
B：他戴上了帽子。

句型 6　Sentence Pattern 6

他摘下了帽子。
　　警察留　他的名字
　　警察记　他的地址
　　警察写　这个号码
　　他买　　这辆车
　　阿里租　这套房子

对话　Dialogue
A：他摘下了什么？
B：他摘下了帽子。

句型 7　Sentence Pattern 7

他怎么闯红灯了？
　　越来越胖了
　　迟到了
　　不来了

对话　Dialogue
A：他怎么闯红灯了？
B：因为他没有看见红灯。
　　吃得太多
　　起得太晚
　　没有时间

句型 8　Sentence Pattern 8

你怎么这么忙？
　　着急
　　累
　　高兴

对话　Dialogue
A：你怎么这么忙？
B：我要准备考试。
　　快要来不及了
　　工作了十个小时
　　找到工作了

四、复练

1. A：你买着课本了吗？他买着课本了吗？
   B：我没买着，他也没买着，课本都卖完了。

2. A：昨天的生词你记住了吗？今天的生词你记住了吗？
   B：昨天的生词我记住了，今天的生词没记住。

3. A：门口要不要种上一点儿草，要不要种上几棵树？
   B：门口应该种上一点儿草，应该种上几棵树。

4. A：这个小伙子爱上了谁？那个小伙子爱上了谁？
   B：这个小伙子爱上了我妹妹，那个小伙子也爱上了我妹妹。这两个年轻人都爱上了我妹妹。

5. A：你的自行车锁上了吗？他的自行车锁上了吗？
   B：我的自行车锁上了，他的自行车没锁上。

6. A：摘下帽子挂在哪儿？摘下围巾挂在哪儿？
   B：摘下帽子挂在墙上，摘下围巾也挂在墙上。

7. A：这个教室能坐下多少人？那个教室能坐下多少人？
   B：这个教室能坐下20个人，那个教室只能坐下15个人。

8. A：这个教室怎么这么暖和？那个教室怎么不暖和？
   B：这个教室的窗关上了，那个教室的窗没关上。

9. A：阿里怎么九点还不来？马丁怎么九点还不来？
   B：阿里还没起床，马丁也没起床。

10. A：阿里怎么这么不高兴？马丁怎么这么不高兴？
    B：阿里闯红灯，警察罚了他20块钱。马丁闯红灯，警察也罚了他20块钱。他们挺倒霉。

五、复述课文

　　星期天，外边很冷。我穿上大衣，戴上帽子和手套，骑上自行车去书店买书。买着了书，就骑车回学校。我骑得很快，骑到十字路口，绿灯忽然变成了红灯。我的车没有停住，闯了红灯。正好碰上了警察，他叫住我，留下了我的名字，还罚了我20块钱。今天真倒霉。

六、阅读课文

怎么才能记住东西放在哪儿

　　每个人都有自己的习惯。有的人有好习惯，有的人有坏习惯，例如吸烟、喝酒都是坏习惯。但是我这里要说的不是这样的习惯。我是说有些人太马虎，给自己找了很多麻烦。

　　例如小张，他经常乱放东西。一样东西今天随手放在这儿，明天随手放在那儿，第三天又放在另一个地方。这样就很难记住这件东西放在哪儿，要用的时候就很难找着。为了找东西，小张每天要用很多时间，找钥匙，找电话号码，找课本，找帽子，找手套，找围巾……。两个月前他的自行车钥匙没有找着，因此就一直不能骑自行车。他觉得挺倒霉。后来他只好去换了一把自行车锁。

其实我觉得这样的毛病很容易改。只要记住这样东西拿的时候是在哪儿拿的，放的时候还放在老地方。这样你一定能记住东西放在哪儿。例如钥匙，要是你总是放在裤子口袋里，那么你使用完了还放在裤子口袋里，你的钥匙就不会到别的地方去了。要再一次使用的时候一找就找着了。这不就行了吗？我觉得永远也不会乱。我不明白小张怎么不改一改这个毛病。

小张说，以前他觉得那是小问题，不用那么认真，后来成了习惯，虽然知道怎么改，但是已经很难改了。

听说乱放东西的人还挺多。你乱放东西吗？我想只要一点儿一点儿地改，一定能改好。生活是从一些小事开始的，要是小事总是马马虎虎，说不定大麻烦等在后边呢！

根据课文判断下列句子的对错

1. 所有的习惯都是毛病。　　　　　　（　　）
2. 小张的毛病是太马虎。　　　　　　（　　）
3. 小张常常不记得东西放在哪儿。　　（　　）
4. 他有时候要花一点儿时间找东西。　（　　）
5. 他的自行车钥匙后来找着了。　　　（　　）
6. 改变随手乱放东西的习惯应该不难。（　　）
7. 每一样东西应该只放在一个地方。　（　　）
8. 小张不明白怎么改自己的毛病。　　（　　）
9. 小张不愿意改自己的习惯。　　　　（　　）
10. 小事也不应该马马虎虎。　　　　　（　　）

七、语法

结果补语(3)　　Complement of result(3)

动词"着(zháo)、住、上、下"常做结果补语。
Verbs like "着(zháo)、住、上、下" are often used as a complement of result.

Lesson 41

1. "着"做结果补语,表示动作达到了目的。如:"买着、借着、找着、见着、接着"等,有时和"到"做结果补语的意思一样。例如:
"着" used as a complement of result indicates that the aim of an action has been achieved, e. g. "买着、借着、找着、见着、接着", etc., and sometimes its meaning is the same as "到" used as a complement of result.

(1) 那本词典我买着了。(也可以说:那本词典我买到了。)
(2) 你找着钥匙了吗?(也可以说:你找到钥匙了吗?)
(3) 我去车站接人,可是没接着。(也可以说:可是没接到。)
(4) 过了一会儿他就睡着了。(这时不能说:睡到了。)

2. "住"做结果补语,表示通过动作使人或事物停留在某处。例如:
"住" used as a complement of result indicates to keep sb. or sth. where it is through an action, e. g.

(5) 汽车停住了。
(6) 你记住我们的地址了吗?
(7) 他要走,我没留住他。
(8) 这个问题难住了他。

3. "上"做结果补语意思比较复杂。
"上" used as a complement of result has various meanings.

A. 表示通过动作达到一定的目的。例如:
It indicates that a certain aim is reached through some actions, e. g.

(9) 他们家的孩子考上了大学。
(10) 我们住上了新房。

B. 有时表示动作的完成。例如:
Sometimes it indicates the completion of an action, e. g.

(11) 他穿上衣服,戴上手套。
(12) 请写上你的名字。
(13) 这张画没有贴上。

C. 有时表示某个动作产生的状态。例如:
It also indicates a state results from an action.

(14) 窗户关上了。

(15) 门没有锁上。
(16) 他爱上了这个地方。

4. "下"做结果补语，表示使结果固定不变。例如：

"下" used as a complement of result indicates the result remains unchanged, e.g.

(17) 请你留下电话号码。
(18) 他拿起笔写下了三个字。
(19) 学完第一学期只是打下一个基础。

"下"做结果补语，还可以表示容纳一定的数量。例如：

"下" used as a complement of result also indicates certain capacity, e.g.

(20) 这个箱子能装下这些衣服吗？
(21) 这个屋子能坐下五十个人。
(22) 他喝下了一瓶酒。

第 42 课

本课重点

1. 旅行团是前天来北京的。
2. 他是从加拿大来的。
3. 我是坐火车来的。
4. 是我锁的门。

一、生词

1.	国际	（名）	guójì	international
2.	贸易	（名）	màoyì	trade
3.	前	（名）	qián	before, ago, front
	前天	（名）	qiántiān	the day before yesterday
	前年	（名）	qiánnián	the year before last
4.	后	（名）	hòu	after, behind
	后天	（名）	hòutiān	the day after tomorrow
	后年	（名）	hòunián	the year after next
5.	……团		……tuán	group, organization
	旅行团	（名）	lǚxíngtuán	tourist group
6.	呆	（动）	dāi	to stay
7.	邀请	（动）	yāoqǐng	to invite
8.	答应	（动）	dāying	to promise, answer, agree
9.	事故	（名）	shìgù	accident
10.	手机	（名）	shǒujī	mobile, cell phone
11.	底下	（名）	dǐxia	under
12.	底	（名）	dǐ	end of a year or month

13.	初	(名)	chū	at the beginning of
14.	圣诞节	(名)	Shèngdàn Jié	Christmas Day
15.	打工		dǎ gōng	do manual work
16.	网	(名)	wǎng	net (for fishing or catching birds); network
	上网		shàng wǎng	to surf the net
	网上		wǎng shang	on the internet
17.	内地	(名)	nèidì	inland, interior
18.	山区	(名)	shānqū	mountain area
19.	外地	(名)	wàidì	part of the country other than where one is
20.	沿海	(名)	yánhǎi	along the coast
21.	卡车	(名)	kǎchē	truck
22.	巴(士)	(名)	bā(shì)	bus
23.	导游	(名)	dǎoyóu	tourist guide
24.	报	(动)	bào	report
25.	案	(名)	àn	case
26.	算	(动)	suàn	calculate, figure
27.	账	(名)	zhàng	account
28.	付	(动)	fù	pay
29.	款	(名)	kuǎn	a sum of money
30.	小心	(形、动)	xiǎoxīn	be careful
31.	丢三落四		diū sān là sì	be always forgetting things
32.	小偷	(名)	xiǎotōu	thief, pilferer
33.	偷	(动)	tōu	steal
34.	得到	(动)	dédào	get, obtain, receive

专有名词

加拿大	Jiānádà	Canada

Lesson 42

二、生词练习

1. 国际
    这是一场国际比赛｜国际贸易｜国际机场｜国际市场｜这是一个国际问题
2. 贸易
    对外贸易｜国内贸易｜两个国家的贸易｜跟别的国家贸易
3. 前
    今天星期三，前天是星期一｜前年他大学毕业了｜我回家的前一天收到了信｜两年前｜一个星期前｜前些日子
4. 后
    今天星期三，后天是星期五｜他明后天就回来｜我后年才能毕业｜我下课后去图书馆｜一个星期后
5. ……团
    旅行团今天到北京｜访问团｜参观团
6. 呆
    在上海呆了三天｜星期天呆在家里｜我要在北京呆一个月
7. 邀请
    邀请他参加晚会｜邀请他访问中国｜邀请他吃饭
8. 答应
    老板答应他在这儿工作｜他邀请老板吃饭，老板没有答应｜他答应三天就回来
9. 事故
    发生了交通事故｜火车出了事故｜这是一起事故
10. 手机
    买一部手机｜我的手机号码是13917658989｜关上手机
11. 底下
    树底下｜楼底下｜床底下｜桌子底下｜天底下
12. 底
    十月底｜今年年底｜每个月月底

13. 初

    十月初｜今年年初｜他初次当老师没有经验｜初期｜初秋｜初级中学｜八月初三

14. 圣诞节

    圣诞节不放假｜在北京过圣诞节｜买圣诞节礼物

15. 打工

    他在北京打工｜从外地到北京打工的人

16. 网

    打网球｜鱼网｜我每天都上网｜从网上得到的消息

17. 内地

    沿海的城市和内地的城市｜中国内地｜从内地到香港

18. 山区

    离城市很远的山区｜那个地方是一个山区

19. 外地

    上海有很多外地人｜外地来的蔬菜｜到外地去旅行

20. 沿海

    在沿海的地方｜上海、广州都是沿海城市

21. 卡车

    开过来一辆卡车｜大卡车｜送牛奶的卡车

22. 巴(士)

    大巴｜小巴｜这辆小巴士能坐15个人

23. 导游

    他是旅行团的导游｜我可以给你们当导游

24. 报

    收音机每个小时报一次时间｜天气预报｜报警｜报案

25. 案

    去公安局报案｜警察去那儿办案

26. 算

    算一算要多少钱｜我算了一下儿，要150块钱｜算了一下儿账｜他算错了｜你算得不对

27. 账

    账算好了｜售货员算好了账｜商店每天都要算账

Lesson 42

28. 付
    他付了账就走了｜是阿里付的账｜你应该付500块钱

29. 款
    我付了一笔款｜警察罚了他款｜在门口付款

30. 小心
    他不小心感冒了｜请你小心一点儿｜那儿很危险，你要小心

31. 丢三落四
    他常常丢三落四｜警察叫他不要丢三落四

32. 小偷
    公共汽车上有小偷，要小心｜看见了一个小偷

33. 偷
    小偷偷东西｜偷走了他的自行车

34. 得到
    他得到了大家的帮助｜得到了很多钱｜得到了一个机会

三、句型与对话

句型 1 Sentence Pattern 1

旅行团是前天来北京的。

我	八月底	来学校
他	九月初	来中国
阿里	圣诞节前	回加拿大
客人	九点钟	到机场

对话 Dialogue
A：旅行团是什么时候来北京的？
B：旅行团是前天来北京的。

句型 2 Sentence Pattern 2

我是昨天晚上打的电话。

2001年	当	警察
前年	租	房子
九点半	上	网
前天	丢	手机

对话 Dialogue
A：你是什么时候打的电话？
B：我是昨天晚上打的电话。

句型 3　Sentence Pattern 3

他是从<u>加拿大</u>来的。
　　　山区
　　　外地
　　　沿海
　　　内地
　　　广州

对话　　Dialogue
A：他是从哪儿来的？
B：他是从<u>加拿大</u>来的。

句型 4　Sentence Pattern 4

<u>书</u>是<u>在桌子底下找到</u>的。
　我　　在北京　　　学
　卡车　从桥上　　　开过来
　事故　在十字路口　发生
　手机　在出租车上　丢
　衣服　在贸易中心　买

对话　　Dialogue
A：<u>书</u>是<u>在哪儿找到</u>的？
B：<u>书</u>是<u>在桌子底下找到</u>的。

句型 5　Sentence Pattern 4

我是<u>坐火车来</u>的。
　坐大巴　　　来
　骑车　　　　来
　坐飞机　　　回去
　从网上　　　知道
　跟导游一起　走

对话　　Dialogue
A：你是怎么<u>来</u>的？
B：我是<u>坐火车来</u>的。

句型 6　Sentence Pattern 6

是我<u>锁</u>的<u>门</u>。
　接　电话
　报　案
　算　账
　付　款

对话　　Dialogue
A：是谁<u>锁</u>的<u>门</u>？
B：是我<u>锁</u>的<u>门</u>。

Lesson 42

句型 7　Sentence Pattern 7

不是我邀请阿里的。　　　　　　对话　Dialogue
　　　答应马丁　　　　　　　　A：是你邀请阿里的吗？
　　　接他来　　　　　　　　　B：不是我邀请阿里的。
　　　送他去

四、复练

1. A：门前的草是什么时候种的？树是什么时候种的？
   B：门前的草是前年种的，树也是前年种的。

2. A：你是什么时候邀请他们的？
   B：我是昨天邀请阿里的，我是前天邀请马丁的。

3. A：这张照片儿是在哪儿照的？那张照片儿是在哪儿照的？
   B：这张照片儿是在云南照的，那张照片儿是在上海照的。

4. A：昨天的事故是在哪儿发生的？今天的事故是在哪儿发生的？
   B：昨天的事故是在十字路口发生的，今天的事故也是在十字路口发生的。

5. A：你们是跟父母一起来的吗？
   B：不是。我是自己一个人来的，他也是自己一个人来的。

6. A：你在广州呆了几天？你在上海呆了几天？
   B：我在广州呆了两天，我在上海呆了三天。

7. A：是你锁的门吗？
   B：不是我锁的门，是阿里锁的门。

8. A：是不是你算的账？
   B：不是我算的账，是马丁算的账。

9. A：是不是你报的案？
   B：不是我报的案，是阿里报的案。

10. 马丁：警察先生，我的手机丢了。
    警察：是什么时候丢的？
    马丁：是今天上午丢的。
    警察：是小偷偷走的吗？
    马丁：不是，是我自己丢的。
    警察：是在哪儿丢的？
    马丁：是在出租车上丢的。
    警察：好。找到了我会通知你。

11. 马丁：警察先生，我的手机找到了。
    警察：你是怎么找到的？
    马丁：不是我自己找到的，是司机送来的。
    警察：以后坐出租车要小心，不要丢三落四。

五、复述课文

马丁的手机丢了，是昨天坐出租车的时候丢的。可是他很幸运，今天他的手机找到了。其实不是他自己找到的，是司机送来的。警察叫马丁以后要小心，不要丢三落四。

六、阅读课文

自行车是八年前丢的

高小林家的院子里有一辆很旧的自行车。我觉得很奇怪，就问他："这么旧的自行车要它干什么？早就应该扔了。"高小林说这辆自行车是他哥哥的。

高小林的哥哥叫高大林。他已经大学毕业，现在在一家工厂工作。有一天他忽然收到了一封信。信是公安局寄来的，通知他到公安局去一次。

"警察叫我去公安局干什么？"他觉得自己没有做错事，一定是警察的工作出了错。这件事使他烦恼(fánnǎo vexed)了一个星期。

后来他终于去了公安局。一个警察说："你丢过一辆自行车吧？"

Lesson 42

"什么自行车?"高大林不明白警察的意思。

"也许是很早以前丢的。"警察说。

"很早以前?"对了,高大林想起来了。他上中学的时候曾经丢过一辆自行车,可能是小偷偷走的。他记得那时候他到公安局报了案。有一个警察问了他自行车的颜色和车牌号码,又问他车是在哪儿丢的。他说是在电影院前边丢的。后来,那个警察说:"找到了车会通知你的。"

他等了一个月,没有人通知他。又等了半年,还是没有人通知他,后来他就忘了。没想到八年后才得到通知。

"我的自行车是八年前丢的。"高大林说。他没有想到这辆自行车还能找到。

"你们是什么时候找到的?"他问。

"是上个星期找到的。"警察说。

"是在哪儿找到的?"

"是在一个操场的旁边找到的。"

警察把自行车还给了他。车已经很旧了,高大林对弟弟说:"这辆车给你吧,你要不要?"

"这么旧的车我可不要,扔掉它吧。"高小林说。

可是扔了好几次,每一次都有人送回来,真奇怪。最后只好把它放在院子里。

根据课文选择正确答案

1. 这辆旧自行车放在院子里是因为:(　　　)
   A. 他们常常骑　B. 高大林不愿意扔掉　C. 不知道怎么才能扔掉它

2. 警察通知高大林去公安局是因为:(　　　)
   A. 他做错了事　　B. 他以前丢过自行车　C. 警察的工作出了错

3. 高大林什么时候才记起自己曾经丢过一辆自行车?(　　　)
   A. 警察提醒他以后　B. 去公安局的时候　C. 看到自行车以后

4. 丢了自行车以后,高大林做什么?(　　　)
   A. 去找小偷　　　B. 去附近找自行车　　C. 去公安局报案

5. 高大林什么时候不再等公安局的通知了？（　　　　）
   A. 半个月以后　　　B. 一个月以后　　　C. 半年以后

6. 自行车是什么时候找到的？（　　　　）
   A. 前天　　　　　　B. 上个星期　　　　C. 八年前

7. 警察把自行车还给高大林以后，高大林做了什么？（　　　　）
   A. 把车送给了弟弟　B. 把车推回了家　　C. 把车扔了

8. 现在这辆自行车在哪儿？（　　　　）
   A. 在公安局
   B. 在操场旁边
   C. 在高大林家的院子里

七、语法

"是……的"格式（1）　　"是……的" structure（1）

"是……的"这一格式常用来强调动作发生的时间、地点、方式、对象等。这些动作都是已经发生的。例如：

The structure is often used to emphasize the time, place, manner and the object of an action, which has already been done, e.g.

1. 时间　Time

（1）你是什么时候到北京的？
（2）我是去年九月来中国的。
（3）他是1998年毕业的。
（4）玛丽是上星期看完这本书的。
（5）今天我是七点起床的。

2. 地点　Place

（6）这本书你是在哪儿买的？
（7）这张照片是在颐和园照的。
（8）安娜是从法国来的。
（9）我们是在北京认识的。
（10）我们是从后边进来的。

Lesson 42

3. 方式　　Manner

(11) 你们是怎么来的？
(12) 我是坐汽车来的，他是走路来的。
(13) 米兰是一个人去的。
(14) 玛丽是跟代表团一起来的。
(15) 我是用圆珠笔写的。

4. 其他　　Others

(16) 我是来参加比赛的。（Purpose）
(17) 这张票是他买的。（Performance）
(18) 房间的门是我锁的。（Performance）

5. 如果动词有名词做宾语时，有时候"的"可以放在宾语前边。例如：
   If the verb takes an object, "的" is sometimes placed before the object, e. g.

(19) 你是在哪儿买的书？
(20) 我是昨天买的衣服。
(21) 他是用钢笔做的作业。
(22) 是谁锁的门？

6. 口语里"是……的"格式中"是"有时候可以省略。例如：
   In spoken Chinese, "是" in the structure can sometimes be omitted, e. g.

(23) 你(是)什么时候到的？
(24) 这张照片(是)在哪儿照的？
(25) 你(是)用什么写的？
(26) (是)他买的票。

7. 否定式是"不是……的"。例如：
   Its negative form is "不是……的", e. g.

(27) 他不是1998年毕业的。
(28) 我们不是从后边进来的。
(29) 米兰不是一个人来的。
(30) 门不是我锁的。

第 43 课

本课重点

1. 我在听广播。
2. 经理们正在开会呢。
3. 我打电话的时候,他正在看电视。
4. 除了星期天以外,他们都上课。
5. 只要打开窗户,空气就新鲜了。

一、生词

1.	正	(副)	zhèng	be doing
2.	正在	(副)	zhèngzài	in the course of; be doing
3.	在	(副)	zài	*indicating an action in progress*
4.	讨论	(动)	tǎolùn	to discuss
5.	播	(动)	bō	to broadcast
	广播	(动、名)	guǎngbō	broadcast; radio programme
6.	新闻	(名)	xīnwén	news
7.	预报	(动、名)	yùbào	to forecast; forecast
8.	车厢	(名)	chēxiāng	carriage
9.	餐车	(名)	cānchē	dining car
10.	供应	(动)	gōngyìng	to supply
11.	开会		kāi huì	attend a meeting
12.	节日	(名)	jiérì	festival, holiday
13.	客	(名)	kè	guest
	旅客	(名)	lǚkè	traveller
14.	列车员	(名)	lièchēyuán	(train) attendant

Lesson 43

15. 送行	（动）	sòngxíng	to see someone off
16. 告别	（动）	gàobié	to say goodbye to...
17. 活儿	（名）	huór	work
18. 讲	（动）	jiǎng	to tell, say
19. 故事	（名）	gùshi	story
20. 安静	（形）	ānjìng	quiet
21. 空气	（名）	kōngqì	air
22. 新鲜	（形）	xīnxiān	fresh
23. 质量	（名）	zhìliàng	quality
24. 提高	（动）	tígāo	to raise
25. 水平	（名）	shuǐpíng	level, standard
26. 中年(人)	（名）	zhōngnián(rén)	middle-aged person
老年(人)	（名）	lǎonián(rén)	old people
青年(人)	（名）	qīngnián(rén)	youth
27. 响	（动）	xiǎng	sound, ring
28. 铃	（名）	líng	bell
29. 棋	（名）	qí	chess
下棋		xià qí	play chess
30. 除了……以外		chúle……yǐwài	except; in addition to
31. 只要……就……		zhǐyào……jiù……	if, so long as
32. 坐位	（名）	zuòwèi	seat
33. 挤	（形、动）	jǐ	crowd; squeeze
34. 最好	（副）	zuìhǎo	best, had better

二、生词练习

1. 正

　　外边正下雨呢｜我正找钥匙呢｜他正等你呢

2. 正在

　　他们正在上课｜阿里正在睡觉｜电视正在播新闻

3. 在

   老板在开会｜阿里还在睡觉｜老师在讲故事

4. 讨论

   我们讨论了一个问题｜请大家一起来讨论｜这个问题还要讨论讨论

5. 播

   电视正在播天气预报｜收音机里广播新闻｜播出一个节目｜播放音乐｜播送一个通知

6. 新闻

   国际新闻｜国内新闻｜报上有什么新闻｜看网上新闻

7. 预报

   预报空气的质量｜预报旅客的人数｜天气预报

8. 车厢

   火车的车厢｜火车有12节车厢｜中间那节车厢是餐车

9. 餐车

   餐车供应面包和牛奶｜餐车能坐下40个人｜去餐车用餐

10. 供应

    供应新鲜水果｜一般的饭馆不供应早餐｜供应牛奶

11. 开会

    在北京开会｜经理们正在开会｜他们开了一天会｜会开完了

12. 节日

    节日休息七天｜春节(Chūn Jié the Spring Festival)是中国最重要的节日｜国庆节和"五·一"也是重要的节日

13. 客

    客人｜旅客｜一辆客车｜饭店的客房｜客厅

14. 列车员

    火车上的列车员｜打扫车厢的卫生是列车员的工作

15. 送行

    我去车站送行｜送行的人不可以上火车

16. 告别

    他告别了父母｜阿里跟他们告别｜我告别了那个地方

Lesson 43

17. 活儿

   他在院子里干活儿|活儿都干完了|他会干木工活儿

18. 讲

   你会不会讲英语|给孩子们讲故事|他讲了一句话

19. 故事

   他讲了一个故事|这个故事是真的|我知道故事的内容

20. 安静

   楼里特别安静|坐在安静的图书馆|请你们安静一点儿

21. 空气

   这里空气不好|新鲜空气|空气的质量很好

22. 新鲜

   新鲜的蔬菜|新鲜的牛肉|这盒牛奶不新鲜了

23. 质量

   服装的质量|这台电脑质量有问题|质量不好|质量很高

24. 提高

   必须提高质量|提高汉语水平|他们提高了价钱|水平没有提高

25. 水平

   他的汉语水平很高|生活水平提高了|他的讲话很有水平

26. 中年(人)

   中年大夫|老年旅客|青年导游|老、中、青各种年龄的人

27. 响

   上课铃响了|电话铃响了|声音太响了|这个收音机不响

28. 铃

   打下课铃了|门上有一个铃|没有听见铃声

29. 棋

   他喜欢下棋|下了一会儿棋|他棋下得很好

30. 除了……以外

   除了学汉语以外,他还学英语|除了星期一以外,星期二也有课|除了阿里以外,别人都不知道

31. 只要……就……

   只要等一分钟就可以了|只要一出门就能看见|只要两块钱就能买到

93

32. 坐位

　　这是我的坐位｜飞机上的坐位｜教室的坐位不够

33. 挤

　　公共汽车比较挤｜教室里坐得很挤｜十几个人挤在一起

34. 最好

　　我们最好早一点儿出发｜你最好晚上来｜你来以前最好给我打一个电话

三、句型与对话

句型 1　Sentence Pattern 1

我在听广播。
　　看国际新闻
　　讲故事
　　听天气预报
　　干活儿
　　下棋

对话　Dialogue
A：你在做什么呢？
B：我在听广播。

句型 2　Sentence Pattern 2

经理们正在开会呢。
　　他们　　上课
　　老板　　算账
　　导游　　介绍情况
　　旅客　　找坐位

对话　Dialogue
A：经理们正在做什么呢？
B：经理们正在开会呢。

句型 3　Sentence Pattern 3

收音机里广播国际新闻呢。
　　电视里　　播　　天气预报
　　报纸上　　讨论　质量问题
　　他们俩　　搬　　家具
　　小伙子们　干　　活儿

对话　Dialogue
A：收音机里广播什么呢？
B：收音机里广播国际新闻呢。

Lesson 43

句型 4　　Sentence Pattern 4

我打电话的时候，他正在看电视。

干活儿	睡觉
讲故事	做饭
打扫卫生	散步
上网	下棋

对话　Dialogue

A：你打电话的时候，他正在做什么呢？
B：我打电话的时候，他正在看电视。

句型 5　　Sentence Pattern 5

火车上除了旅客以外，还有列车员。

喜欢下棋的	阿里	马丁
教室里	学生	老师
来开会的	老年人	中年人
医院里	医生	病人

对话　Dialogue

A：火车上除了旅客以外，还有什么人？
B：火车上除了旅客以外，还有列车员。

句型 6　　Sentence Pattern 6

除了星期天以外，他们都上课。

阿里	别人	去
这些活儿	别的活儿	干完了
北京	别的地方	没有
他	别人我	认识

对话　Dialogue

A：除了星期天以外，他们都上课吗？
B：除了星期天以外，他们都上课。

句型 7　Sentence Pattern 7

只要打开窗户，空气就新鲜了。
　　看一下儿书　　你　　　明白
　　听一下儿广播　他　　　知道
　　上课铃一响　　教室里　安静
　　锁上门　　　　家里　　安全

对话　Dialogue

A：空气不新鲜怎么办？
B：只要打开窗户，空气就新鲜了。

四、复练

1. A：你们在做什么？
   B：我在听天气预报，他在上网。

2. A：这些人在公园里做什么？
   B：老年人正在散步，中年人正在打太极拳。

3. A：报纸上正在讨论什么问题？电视上正在讨论什么问题？
   B：报纸上正在讨论环境问题，电视上也正在讨论环境问题。

4. A：你上飞机的时候旅客们正在做什么？
   B：旅客们有的正在放行李，有的正在找坐位。

5. A：电话铃响的时候，你们俩正在干什么？
   B：我正在干活儿呢，他正在看电视呢。

6. A：你们是不是在听天气预报？
   B：我没听天气预报，我在听新闻。他也没听天气预报，他在看电视剧。

7. A：除了新闻以外，你还看什么？
   B：除了新闻以外，我还看天气预报。除了新闻和天气预报以外，别的我都不看。

8. A：是不是只有老年人才喜欢打太极拳？
   B：不是，除了老年人以外，中年人也喜欢打太极拳。

9. A：这边的窗户怎么打开？这边的窗户怎么关上？
   B：只要推一下儿就能打开窗户，只要拉一下儿就能关上窗户。

五、复述课文

火车的广播里说，餐车正在供应早餐。马丁正准备去餐车，可是除了他以外，别人都不去。餐车就在旁边，只要走一分钟就到了。别人为什么不去？旅客们说餐车的早餐又贵质量又不好，他们吃自己带来的东西。

六、阅读课文

马丁正在跟一个中年人聊天

马丁去西安旅行了。他是坐火车去的。那一天他上了火车一看，车厢里的人真不少，有旅客，有列车员，还有送行的人。旅客们有的正在找坐位，有的正在放行李，有的正在跟送行的人告别。

马丁找到了自己的坐位。他正在挂书包的时候，列车员走过来跟他说，这个书包太重，不能挂在那儿。除了衣服和帽子以外，别的东西请放到行李架上去。马丁把书包放到了行李架上。

火车快要开了，送行的人都下了火车。旅客们都坐了下来。火车开了以后，车厢里开始安静了。旅客们有的在看书，有的在聊天儿，有的在看窗外，有的在跟列车员打听餐车的情况。马丁正在跟一个中年人聊天儿。那个中年人是外地人。他在河南工作，这一次是到北京开会。开了三天会，现在要回家了。他说他常上北京，北京有他的很多朋友。

有一个人会讲故事，大家对他的故事很感兴趣。后来大家一问才知道，他是北京的一个警察，这次去西安不是去办案，是去旅行。

火车上各种人都有，很有意思。马丁觉得坐火车很好，只要上了火车，就有机会跟别人说汉语，提高自己的汉语水平。但是节日的时候火车上比较挤，最好不要在节日的时候坐火车。

根据课文回答下列问题

1. 车厢里人多吗？
2. 车厢里除了旅客、列车员以外，还有什么人？
3. 书包为什么不能挂起来？
4. 什么东西可以挂起来？
5. 火车开了以后旅客们都在聊天儿吗？
6. 跟马丁聊天儿的中年人家住在哪儿？
7. 讲故事的是什么人？
8. 这个讲故事的人是到西安去讲故事吗？
9. 火车上有没有机会说汉语？
10. 什么时候火车上的人非常多？

七、语法

动作的进行　　Action in progress

1. 在谓语动词前加副词"正在""正""在"或者在句末加语气助词"呢"，可以表示一个动作正在进行。"正在""正""在"也可以和"呢"同时使用。例如：

Adverbs like "正在", "正" or "在" placed before a verb or plus "呢" at the end of a sentence indicate an action in progress. "正在", "正" or "在" can be used together with "呢", e.g.

(1) 我正在看电视（呢）。
(2) 阿里正做作业（呢）。
(3) 他们在休息（呢）。
(4) 我们在打球（呢）。

2. 提问时可以用"吗"的疑问句，也可以用疑问代词提问。例如：

In questions with "吗", interrogative pronouns can also be used to ask questions, e.g.

(5) 你在看电视吗？
(6) 他们还在休息吗？

Lesson 43

(7) 谁在看电视?

(8) 他们正在做什么?

还可以用"是不是"的疑问句提问。例如:
"是不是" can also be used to ask a question, e. g.

(9) 你是不是在看电视?

(10) 他们是不是正在休息?

3. 动作进行的否定形式要去掉"正在""正""呢",同时在动词前面加"没(有)",回答问话时可以只用"没有",如果用"没"否定,可以保留"在"。例如:

However, in the negative form of the verb indicating the progressive action, "正在", "正" or "呢" must be left out and "没(有)" added before the verb. When "没" is used for negation, "在" may be retained, e. g.

(11) 我没(有)看电视。

(12) 他们没在休息。

(13) A:你正在看电视吗?
     B:没有。

动作的进行可以发生在现在、过去或将来,跟时间没有固定的关系。例如:
The progressive action may be taken in the past, present or future, e. g.

(14) 现在我们正在上课呢。(现在)

(15) 昨天我去他家的时候,他正在看电视。(过去)

(16) 今天晚上你去找他,他一定正在念课文。(将来)

第44课

本课重点

1. 桌子上放着一本书。
2. 宿舍的窗户没开着，关着呢。
3. 前边开过来一辆警车。
4. 怪不得他没来上班，原来他病了。

一、生词

1. 着	（助）	zhe	*used to give force to a verb or an adjective*
2. 邻居	（名）	línjū	*neighbour*
3. 隔壁	（名）	gébì	*next door*
4. 傍晚	（名）	bàngwǎn	*dusk*
5. 抱	（动）	bào	*to hold in the arms*
6. 客气	（形、动）	kèqi	*polite*
不客气		bú kèqi	*don't mention it; impolite*
7. 躺	（动）	tǎng	*to lie*
8. 摆	（动）	bǎi	*to put, to place, to sway*
9. 猫	（名）	māo	*cat*
10. 儿童	（名）	értóng	*children*
儿童车	（名）	értóngchē	*pram*
11. 盖	（动）	gài	*to cover, to build*
盖儿	（名）	gàir	*lid*
12. 感谢	（动）	gǎnxiè	*to thank, to be grateful*
13. 原来	（形、副）	yuánlái	*it turns out that . . . ; original*
14. 村	（名）	cūn	*village*

Lesson 44

15.	死	（动）	sǐ	to die
16.	西装	（名）	xīzhuāng	Western-style suit
	西服	（名）	xīfú	Western-style suit
17.	鸟	（名）	niǎo	bird
18.	被子	（名）	bèizi	quilt
19.	毯子	（名）	tǎnzi	blanket
20.	院	（名）	yuàn	yard
	院子	（名）	yuànzi	courtyard
21.	沙发	（名）	shāfā	sofa
22.	警车	（名）	jǐngchē	police car
23.	起	（量）	qǐ	case
24.	住院		zhù yuàn	to be hospitalized
25.	出院		chū yuàn	leave hospital
26.	打招呼		dǎ zhāohu	greet sb., say hello to
27.	旅游鞋	（名）	lǚyóuxié	walking shoes
28.	老头儿	（名）	lǎotóur	old man
29.	怪不得	（副）	guàibude	no wonder
30.	出差		chū chāi	go on a business trip
31.	辞职		cí zhí	resign
32.	立刻	（副）	lìkè	immediately
33.	妇女	（名）	fùnǚ	woman
34.	省	（动）	shěng	save, omit

二、生词练习

1. 着

   他戴着眼镜｜墙上挂着地图｜桌子上摆着花｜我带着照相机｜一边走一边听着音乐｜他正打着电话

2. 邻居

   他的左右邻居｜他是我的邻居｜这是邻居家的孩子

3. 隔壁
   他住在我的隔壁|他们在隔壁的教室|我们是隔壁邻居
4. 傍晚
   他每天傍晚去散步|傍晚的时候下雨了|有一天傍晚我看见了他
5. 抱
   她抱着孩子|我把孩子抱了起来|他抱来了被子和毯子
6. 客气
   他对人很客气|他客气地请我进屋|他客气地跟大家打了一下儿招呼|有什么问题，你说吧，不要客气|他对陌生人很不客气|"太感谢你了。""不客气。"
7. 躺
   他躺在床上|病人在床上躺着|他在床上躺了下来|在床上躺了一会儿
8. 摆
   菜都摆好了|把碗和筷子摆好|路边摆了一些花儿
9. 猫
   他手里抱着一只小猫|沙发上躺着一只猫
10. 儿童
    六月一日是儿童节|少年儿童|这个商店卖儿童服装|一辆儿童车|童年
11. 盖
    儿童车上盖着毯子|身上盖着被子|杯子的盖儿|盖上锅盖儿|路边正在盖房子|那儿盖了一个大楼
12. 感谢
    我非常感谢他|太感谢你了|感谢你的帮助
13. 原来
    放在原来的地方|他原来在上海工作|原来我住在郊区|我以为他在家，原来他走了|没有人接电话，原来他不在屋里
14. 村
    前边有一个村子|村里有三十户人家|村外有一条小河

Lesson 44

15. 死
    村里死了一个人｜他病死了｜他的猫死了｜这起事故死了两个人

16. 西装 西服
    他穿着西装｜买一套西装｜卖西服的商店｜他不习惯穿西服

17. 鸟
    一只小鸟｜树上飞下来一只小鸟｜听见了鸟叫声

18. 被子
    晚上要盖被子｜一床被子｜一条被子｜被子脏了｜他自己洗被子

19. 毯子
    一条毯子｜儿童车上盖着毯子｜羊毛毯子

20. 院
    房子前边有一个院子｜院子里种着两棵树｜院墙有一米高

21. 沙发
    他坐在沙发上｜沙发上躺着一只猫｜买一张双人沙发

22. 警车
    前边开过来一辆警车｜从警车里出来个警察

23. 起
    发生了一起交通事故｜这起事故是在晚上发生的

24. 住院
    阿里病了，医生叫他住院｜他住了三天院

25. 出院
    他病好出院了｜明天他就可以出院

26. 打招呼
    跟熟人打招呼｜我跟他打了一下儿招呼｜他跟每个人都打招呼

27. 旅游鞋
    买一双旅游鞋｜运动鞋｜皮鞋｜拖(tuō)鞋(slippers)

28. 老头儿
    一个年纪很大的老头儿｜公园里坐着老头儿、老太太

29. 怪不得
    阿里病了，怪不得两天没见他了｜窗户开着，怪不得这么冷｜他想叫你帮忙，怪不得那么客气

103

30. 出差

　　他出差了，怪不得不在办公室|他到上海去出差|他每个月出两次差

31. 辞职

　　他没有来上班，原来他辞职了|你要是不愿意干，可以辞职|他想辞职去上大学

32. 立刻

　　我立刻就去帮他|他准备立刻就走|只要铃声一响，护士立刻就会过来

33. 妇女

　　三月八日是妇女节|农村妇女|中国妇女|妇女问题

34. 省

　　为了省时间|省了一个小时|可以省一些钱|省下了两千块钱|省了很多麻烦|这样做很省事儿

三、句型与对话

句型 1　Sentence Pattern 1

桌子上放着一本书。

门外	很多自行车
宿舍里	两张床
衣柜里	一件大衣
窗台上	一束花

对话　Dialogue

A：桌子上放着什么？
B：桌子上放着一本书。

句型 2　Sentence Pattern 2

他穿着西服。

拿	杯子
戴	眼镜
盖	被子
抱	孩子
穿	运动鞋

对话　Dialogue

A：他穿着什么？
B：他穿着西服。

Lesson 44

句型 3   Sentence Pattern 3

宿舍的窗户没开着,关着呢。
  教室的门
  电视机
  屋子里的灯
  电脑

对话   Dialogue

A：宿舍的窗户开着没有?
B：宿舍的窗户没开着,关着呢。

句型 4   Sentence Pattern 4

他家门前停着一辆车。
  墙上 贴 一张通知
  书架上 摆 很多书
  院子里 种 两棵树
  儿童车上 盖 一条毯子
  沙发上 躺 一只猫

对话   Dialogue

A：他家门前停着什么?
B：他家门前停着一辆车。

句型 5   Sentence Pattern 5

前边开过来一辆警车。
  隔壁 搬走了 一家邻居
  树上 飞下来 一只小鸟
  村子里 死了 一个老头儿
  草地上 跑过来 一只狗

对话   Dialogue

A：前边怎么样?
B：前边开过来一辆警车。

句型 6   Sentence Pattern 6

他还在原来的地方住。
    学校 学习
    公司 工作
    教室 上课

对话   Dialogue

A：他现在在哪儿住?
B：他还在原来的地方住。

句型 7　Sentence Pattern 7

怪不得他没来上班，原来他<u>病</u>了。
　　　　　　　　　　　住院
　　　　　　　　　　　辞职
　　　　　　　　　　　退休

对话　Dialogue

A：听说老王<u>病</u>了。
B：怪不得他没来上班，原来他<u>病</u>了。

四、复练

1. A：阿里手里拿着什么？马丁手里拿着什么？
   B：阿里手里拿着一个杯子，马丁手里拿着一个瓶子。

2. A：今天阿里穿着什么衣服？马丁穿着什么衣服？
   B：今天阿里穿着西服，马丁穿着运动服。

3. A：你们家的猫在哪儿呢？你们家的狗在哪儿呢？
   B：我们家的猫在沙发上躺着呢，我们家的狗在地上躺着呢。

4. A：墙上挂着什么？黑板上写着什么？
   B：墙上挂着地图，黑板上写着通知。

5. A：阿里手里抱着什么？
   B：他一只手抱着被子，另一只手抱着毯子。

6. A：楼前停着几辆车？楼后停着几辆车？楼前楼后一共停着几辆车？
   B：楼前停着三辆车，楼后也停着三辆车。楼前楼后一共停着六辆车。

7. A：你们家来了什么人？
   B：我们家上午来了一个客人，傍晚又来了一个客人。

8. A：十字路口开过来什么车？
   B：左边开过来一辆警车，右边也开过来一辆警车。

9. A：昨天这条路上发生了什么事？今天这条路上发生了什么事？
   B：昨天这条路上发生了一起交通事故，今天这条路上又发生了一起交通事故。这两天这条路上发生了两起交通事故。

10. A：刚才你跟谁打招呼了？
    B：刚才我跟阿里打了一个招呼，刚才我跟马丁打了一个招呼。

五、复述课文

昨天傍晚，天下着雨，我正打着伞回家，看见一位妇女没有带伞。她推着儿童车，急急忙忙地走着。我立刻走过去帮助她。她笑着说："太感谢你了。"我说："不客气。"

六、阅读课文

阿里在床上躺着

我已经有两天没有看见阿里了。我去找过他两次，可是他宿舍的门总是锁着。我问他的隔壁邻居，他们说阿里住院了。原来他病了，怪不得两天没看见他。我应该到医院去看看他。我立刻买了一束鲜花去医院。

我推开病房(bìngfáng ward, sickroom)的门，看见阿里在床上躺着，身上盖着医院里白颜色的被子。床旁边放着一个床头柜(chuángtóuguì bedside cupboard)，柜子上放着他的药。

阿里看见我进去，非常高兴。我问他："现在怎么样了？"

他说："好多了。"

我找来了一个花瓶，把那束花儿放在花瓶里，然后摆在他旁边的床头柜上。我问他："你吃药了吗？"

他说："早晨的药已经吃过了，中午的药还没有吃。"

我说：“前两天你还好好儿的，怎么忽然病了？"

他说，前天上午他上街办事，办完事出来觉得有点儿饿了，可是还没有到吃饭的时间。他正在想去哪儿买一点儿吃的东西，这时前边推过来一辆卖菜的小车，车上放着各种蔬菜，都很新鲜。为了省时间，他买了一根黄瓜，一边走一边吃。他想赶紧回学校，因为下午他还有事。

没想到回宿舍以后，他忽然肚子痛了，越来越痛，痛得不得了，开始拉肚子了。他的隔壁邻居知道了，赶紧把他送到了医院。大夫说他得了急性肠炎，必须住院。

他想可能是那根黄瓜，他没有洗就吃了。他有一个习惯，蔬菜、水果常常不洗就吃。过去从来没有出过事，可是这一次出问题了。大夫说蔬菜应该洗干净、炒熟了再吃，因为生（shēng raw, uncooked）的菜可能不太卫生，吃了容易得病。大夫告诉阿里吃东西要小心，要是吃得不合适就可能有麻烦。

阿里在医院里躺了两天。还好，明天他就可以出院了。

根据课文回答下列问题

1. 他去阿里的宿舍，看见了什么？
2. 他怎么知道阿里病了？
3. 他去医院看阿里，手里拿着什么？
4. 他在病房里，看见了什么？
5. 他跟阿里打过招呼以后做什么？
6. 前天上午阿里上街办完事出来大概几点？
7. 阿里为什么买了一根黄瓜一边走一边吃？
8. 阿里是自己一个人去医院的吗？
9. 大夫说，吃生的菜可能怎么样？
10. 阿里什么时候可以回学校？

Lesson 44

七、语法

1 动作的持续　　Continuation of an action

1. 谓语动词后边加动态助词"着",表示动作或状态的持续。例如:
When a verb is suffixed with the auxiliary word "着", it indicates the continuation of an action or state, e. g.

(1) 教室的门开着。
(2) 他拿着很多花儿。
(3) 安娜穿着一件新毛衣。
(4) 天下着雨。

2. 常用的疑问形式是在句末加"没有",或者用"是不是"提问。例如:
Its usual question form is to add "没有" to the end of the sentence, or put "是不是" at the beginning of the question, e. g.

(5) 门开着没有?
(6) 门是不是开着?
(7) 你带着伞没有?
(8) 你是不是带着伞?

3. 否定形式是"没(有)……着"。例如:
Its negative form is "没(有)……着", e. g.

(9) 门没有开着。
(10) 我没带着伞。

4. 表示持续的"着"可以与表示进行的"正在""呢"等同时使用,表示这两个动作既处于持续状态,又正在进行之中。例如:
"着" indicating the continuation of an action is often used together with such words as "正在" and "呢" indicating a progressive action is continued, e. g.

(11) 我们都坐着呢。
(12) 我正戴着帽子呢。
(13) 天正下着雨呢。
(14) 他正在公园门口等着我们呢。

109

2 存现句　Sentences indicating existence

汉语里有一种句子是要说明人或事物以怎样的状态和方式在某处出现、存在或消失，这种句子叫存现句。这是一种特殊的句式，它总是把处所词放在前边，把代表人或事物的名词放在动词后边。它的语序是：

In Chinese there is a special type of sentence structure similar to "there is/are ..." in English, indicating that sb. or sth. appears, exists or disappears at some place in a certain state or manner, which is called the sentence indicating existence. In such a sentence, the word of place is always put at the beginning, and the noun indicating a person or thing at the back. The following is the word order of such sentences:

处所词（或时间词）+ 动词 + 表示人或事物的名词

Word of place (or time) + verb + the noun indicating a person or thing (or persons or things)

存现句可以分为两类，一类是表示人或事物存在的，另一类表示人或事物出现消失的。

Sentences indicating existence can be classified into two categories: one indicating the existence of sb. or sth., while the other, the emergence or disappearance of sb. or sth.

1. 表示存在的句子，有一种我们已经学过。例如：

We have learned a sentence structure indicating existence, e.g.

(1) 桌子上有一本书。
(2) 西边是一个学校。
(3) 门口有一个人。
(4) 电视里正在播天气预报。

另一类表示存在的句子，动词后边通常带"着"，表示人或事物以什么方式或姿态存在。例如：

Another type in which the verb takes "着" indicates a person or thing exists in a certain manner or with a certain posture, e.g.

(5) 墙上挂着一张画儿。
(6) 树上坐着几个人。

（7）这里住着二百多人。

（8）桌子上放着一盆花儿。

2. 表示出现或消失的句子。例如：

Still another type of sentences indicates the appearance or disappearance of sb. or sth., e.g.

（9）前边来了一个人。

（10）路边出现了一只狗。

（11）隔壁搬来了一家新邻居。

（12）天空飞过几只鸟。

（13）村子里死了一个人。

（14）昨天发生了一件大事。

3. 因为存现句的表达重点是说明存在、出现或消失，所以动词后边的名词通常是不确指的。如"前边来了一个人"，没有必要说明前边来的是什么人。如果要确指是什么人来了，那么就不用存现句的句式，而用其他句式，如"阿里来了"。

Such sentences mainly indicates the existence, appearance or disappearance of sb. or sth., so indefinite nouns are often used after verbs, e.g. "There is someone coming this way." But when "who" is stressed, other structure will be used, e.g. "Ali is coming."

4. 存现句在否定时，名词前不能有数量词。如：

In its negative form, numerals cannot be used before nouns, e.g.

（15）前边没有人。

（16）站台上没停着火车。

（17）村子里没死人。

3 "原来"   Original, former

1. "原来"做形容词时意思是"没有改变的""以前的"，修饰名词时要加"的"。例如：

When used as an adjective, it means "original" or "former". "的" should be added to it when modifying a noun, e.g.

(1) 我的自行车还放在原来的地方。
(2) 他原来的名字叫刘来，现在叫刘中。
(3) 这是他原来的地址，现在他不住那儿了。

2. "原来"做副词有两个意思。
   When it is used as an adverb, it has two meanings.

A. 以前，从前。例如： Used to. e.g.

(4) 我原来住在上海，现在住在北京。
(5) 原来他家有六口人，现在孩子们都走了，家里只有老两口了。
(6) 原来这个地方没有路，很不方便。

B. 发现以前不知道的情况，有忽然醒悟的意思。例如：
Finding out something unknown before, meaning "it turns out that …", e.g.

(7) 找了你半天，原来你在这里。
(8) 打了几次电话都没人接，原来他去旅游了。
(9) 他找了半天都没找到钥匙，原来钥匙忘在家里了。

第 45 课

本课重点

1. 我花了两个多月时间。
2. 教室里有十多张桌子。
3. 需要十几天时间。
4. 我一般每天学习七八个小时。
5. 今天气温下降了十度左右。
6. 这些衣服件件都很漂亮。

一、生词

1.	健康	（形）	jiànkāng	healthy
2.	零下		líng xià	below zero
3.	温	（形、名）	wēn	warm; temperature
	气温	（名）	qìwēn	air temperature
	温度	（名）	wēndù	temperature
	水温		shuǐ wēn	water temperature
	体温	（名）	tǐwēn	body temperature
4.	降	（动）	jiàng	to fall, drop, lower
	下降	（动）	xiàjiàng	(of temperature, etc.) to go down
	降下来		jiàng xialai	to reduce, lower
	降落	（动）	jiàngluò	to fall, to land
	降温		jiàng wēn	drop in temperature
5.	左右	（助）	zuǒyòu	about, around, or so
6.	升	（动）	shēng	to rise
	上升	（动）	shàngshēng	to go up
	回升	（动）	huíshēng	to rise again

113

7.	害怕	（动、形）	hàipà	to fear
	怕	（动、形）	pà	fear, be afraid of
8.	完全	（形）	wánquán	complete
9.	冻	（动）	dòng	to freeze
10.	南方	（名）	nánfāng	south
	北方	（名）	běifāng	north
	西方	（名）	xīfāng	west
	东方	（名）	dōngfāng	east
	东南方	（名）	dōngnánfāng	southeast
11.	薄	（形）	báo	thin
12.	厚	（形）	hòu	thick
13.	后悔	（动、形）	hòuhuǐ	regret; regretful
14.	需要	（动）	xūyào	to need
15.	增加	（动）	zēngjiā	to increase
16.	减少	（动）	jiǎnshǎo	decrease, reduce
17.	低	（形）	dī	low
18.	一般	（形）	yìbān	general
19.	花	（动）	huā	to spend
20.	至少	（副）	zhìshǎo	at least
21.	顶多	（副）	dǐngduō	at most
22.	同	（形）	tóng	same, alike, together
23.	比如	（动）	bǐrú	for example, such as
24.	相差	（动）	xiāngchà	differ
25.	不过	（连）	búguò	but
26.	暖气	（名）	nuǎnqì	central heating
27.	用不着		yòng bu zháo	no need, not necessary
28.	挨(冻)	（动）	ái(dòng)	suffer from (cold)
29.	潮湿	（形）	cháoshī	moist, wet
30.	相反	（形）	xiāngfǎn	on the contrary
31.	确实	（形）	quèshí	really, reliable
32.	而且	（连）	érqiě	and also, but also

二、生词练习

1. 健康
   我身体很健康｜人们的健康水平｜对健康有好处｜他的健康情况使人担心

2. 零下
   气温零下五度｜上海的气温很少在零度以下

3. 温
   温水｜气温很高｜屋内的温度｜水温50度左右｜体温37度

4. 降
   气温下降了｜他的汉语水平下降了｜飞机降了下来｜明天要降温了

5. 左右
   一个小时左右｜需要一百块钱左右｜十一点半左右

6. 升
   温度升高了｜升高了三度｜气温回升了｜飞机升了起来

7. 害怕
   我害怕吃辣的菜｜我觉得很害怕｜他不怕冷，也不怕热

8. 完全
   这件事他完全不知道｜我完全没听懂｜你完全不用担心｜他说得完全不对｜你完全说错了

9. 冻
   天气太冷，他挨了冻｜蔬菜都冻坏了｜啤酒放在冰箱里冻一下儿｜他穿得太少，冻着了

10. 南方
    南方的城市｜北方的气候｜在北京的东南方

11. 薄
    薄毛衣｜薄被子｜一本很薄的书｜河上有一层薄冰

12. 厚
    这本词典很厚｜厚毛衣｜地上有很厚的雪

13. 后悔

　　他后悔没有去｜错过了机会他很后悔｜他一点儿也不后悔

14. 需要

　　完成这个工作需要三天时间｜我需要一本词典｜他们需要帮助｜不需要花这么多钱

15. 增加

　　增加了三四个人｜收入增加了｜汽车增加了很多｜工作增加了，可是工资没有增加

16. 减少

　　这样做可以减少麻烦｜交通事故减少了｜应该减少污染

17. 低

　　气温很低｜低收入｜他的水平很低｜那边高，这边低｜他低着头走路｜他说话的声音很低

18. 一般

　　一般的人｜一般的情况｜晚上我一般都在家｜我一般七点钟才起床

19. 花

　　花了五十多块钱｜花了三天多时间｜要花多少钱

20. 至少

　　至少有五六十个人｜他至少有四十七八岁了｜这台电脑至少要七千块钱｜至少还要三天时间

21. 顶多

　　这个教室顶多可以坐二十个人｜他顶多只有三十岁｜这样的电脑顶多只要五千块钱

22. 同

　　同屋｜同学｜同一天｜这两个地方的气候不同｜这是两个不同的问题｜不同的价钱

23. 比如

　　南方城市比如上海、广州｜学习努力的同学，比如阿里和马丁

24. 相差

　　温度相差20度｜时间相差三天｜价钱相差不多

25. 不过

 外边很冷，不过屋里有暖气｜这件衣服很贵，不过质量很好｜阿里我认识，不过不太熟悉

26. 暖气

 你的房间暖气热不热｜十一月才供应暖气

27. 用不着

 他没事儿，你用不着担心｜时间来得及，你用不着着急｜用不着这么早起床

28. 挨

 他挨了一天饿｜他不愿意在外边挨冻｜孩子挨了爸爸打

29. 潮湿

 南方的天气潮湿多雨｜夏天潮湿，冬天干燥｜这个箱子怕潮湿

30. 相反

 我的看法跟你相反｜困难没有使他害怕，相反他更加努力了｜他的水平没有提高，相反降低了很多

31. 确实

 他确实不知道｜天气确实非常冷｜我确实很忙｜这两个人确实很不同｜他房间的暖气确实不热

32. 而且

 价钱便宜，而且质量很好｜坐飞机很快，而且很安全｜天气很热而且很潮湿

三、句型与对话

句型 1　Sentence Pattern 1

我花了两个多月时间。

　买　三斤　西红柿
　喝　两瓶　啤酒
　请　一个　星期假
　花　八块　钱

对话　Dialogue

A：你花了多少时间？
B：我花了两个多月时间。

句型 2　Sentence Pattern 2

教室里有十多张桌子。
　　村子里　二十　个人
　　车厢里　五十　个旅客
　　口袋里　一百　块钱
　　学校里　两千　学生

对话　Dialogue
A：教室里有多少桌子？
B：教室里有十多张桌子。

句型 3　Sentence Pattern 3

需要十几天时间。
　　二十　个小时
　　三十　块钱
　　六十　辆车
　　八十　个房间

对话　Dialogue
A：需要多少天时间？
B：需要十几天时间。

句型 4　Sentence Pattern 4

花了几十年时间。
　　用　　百块钱
　　增加　千个人
　　增加　百辆车
　　减少　十个小时

对话　Dialogue
A：花了多少时间？
B：花了几十年时间。

句型 5　Sentence Pattern 5

我一般每天学习七八个小时。
　　睡　六七个小时
　　喝　两三杯咖啡
　　花　三四百块钱
　　打　四五个电话

对话　Dialogue
A：你一般每天学习几个小时？
B：我一般每天学习七八个小时。

Lesson 45

句型 6 Sentence Pattern 6

今天气温下降了十度左右。

昨天	下降	五度
今天	上升	六度
昨天	回升	十度

对话 Dialogue

A：今天气温下降了多少？
B：今天气温下降了十度左右。

句型 7 Sentence Pattern 7

他们花了十来天时间。

喝	十	瓶	啤酒
访问	二十	个	城市
听	一个	小时	广播
花	1000	块	钱

对话 Dialogue

A：他们花了多少时间？
B：他们花了十来天时间。

句型 8 Sentence Pattern 8

这些衣服件件都很漂亮。

这儿的饭馆	家家	干净
孩子们	个个	害怕
没有去的人	个个	后悔
老张	天天	忙

对话 Dialogue

A：这些衣服漂亮吗？
B：这些衣服件件都很漂亮。

四、复练

1. A：火车到上海要多长时间？火车到西安要多长时间？
   B：火车到上海要十多个小时，到西安也要十多个小时。

2. A：看完这本书你们花了多长时间？
   B：我花了一个多星期，他花了两个多星期。

3. A：这两个孩子几岁了？
   B：这个孩子5岁多了，那个孩子6岁多了。

4. A：阿里多大？马丁多大？
   B：阿里大概二十多岁，马丁大概三十多岁。

119

5. A：学会汉语需要多长时间？学会英语需要多长时间？
   B：学会汉语至少要几年时间，学会英语至少也要几年时间。

6. A：从北京开车到上海七八个小时够不够？
   B：七八个小时当然不够，至少也需要十几个小时。

7. A：这样的录音机大概要几百块钱吧？
   B：用不着几百块钱，顶多一百块钱左右。

8. A：你们几点从北京出发？几点到了天津？
   B：我们八点左右出发，十点左右就到了天津。

9. A：这两个箱子有多重？
   B：这个箱子有二十来斤，那个箱子有三十来斤。

10. A：你为什么不喜欢坐火车？
    B：火车太慢，而且车上太乱。

11. A：这种电视机为什么卖得快？
    B：因为价钱便宜，而且质量很好。

五、复述课文

中国北方跟南方的气候很不同。比如北京，气温变化很大。夏天最高温度有三十七八度，冬天最低温度只有零下十几度，相差四十多度。不过北方冬天有暖气，屋子里不需要穿厚衣服。南方不太冷，但是比较潮湿。

六、阅读课文

两个城市的气候

上海在南方，北京在北方。这两个城市的气候很不同，冬天气温相差最大。上海最低气温大概零度左右，北京最低气温一般是零下十几度。

很多人想，上海人到北京可能会不习惯，因为北京比较冷，上海

Lesson 45

人怕冷。北京人到上海大概不会有问题，因为上海不太冷，而且北京人不怕冷。其实情况正好相反。上海人到北京确实有点儿不太习惯，但那是因为北京的空气太干。他们完全用不着担心会挨冻，因为北京室内有暖气。外边虽然冷，只要穿上大衣就用不着害怕了。

　　北京人冬天到上海可以说是完全不习惯，因为上海没有暖气。零度左右的气温其实也很冷，而且上海人喜欢开窗。一关上窗户他们就觉得空气不新鲜，对健康不好。所以虽然外边又冷又潮湿，他们也一定要把窗户打开。这样，屋子里的温度就跟外边一样低。要是外边是零度左右，那么屋子里顶多也只有零度左右。天天在零度左右的气温中生活，上海人已经习惯了。北京人到上海就会害怕挨冻。为什么不把空调打开，使屋里的温度升高一点儿呢？你想，要是总把窗户开得那么大，开空调有什么用呢？

　　冬天北京人穿的衣服跟上海人也不同。因为北京屋里暖和，穿一件薄的衣服，比如衬衣或者毛衣就行了，出门就穿上大衣。可是这样的衣服在上海不行，要是只穿一件毛衣一定会冻得感冒。要是在家里把大衣也穿上，那么做事就很不方便，比如做饭、洗碗，穿着厚大衣怎么能干活儿？所以上海人冬天需要穿几件毛衣或者厚一点儿的衣服。

　　要是你冬天去上海，为了你的健康，最好要有准备。

根据课文选择正确答案

1. 冬天北京最低气温是：（　　　）
   A. 零度左右　　　　B. 零下十多度　　　　C. 零下十来度

2. 很多人想，北京人到上海可能会：（　　　）
   A. 不习惯　　　　　B. 怕冷　　　　　　　C. 比较习惯

3. 上海人到北京确实有点儿不习惯，是因为：（　　　）
   A. 空气太干　　　　B. 挨冻　　　　　　　C. 外边太冷

4. 上海人喜欢开窗是因为：（　　　）
   A. 觉得外边空气新鲜　B. 屋里太热　　　　　C. 天气不冷

5. 谁会害怕挨冻？（　　　）
   A. 上海人在上海　　　B. 上海人在北京
   C. 北京人在北京　　　D. 北京人在上海

6. 上海人不把空调打开是因为：（　　　）
   A. 屋里的温度高　　B. 开着窗　　C. 空调只有冷风

7. 谁出门要穿大衣？（　　　）
   A. 北京人在北京　　B. 上海人在上海　　C. 北京人在上海

8. 在上海屋里不穿大衣是因为：（　　　）
   A. 不冷　　B. 做事不方便　　C. 上海人不怕冷

9. 在北京屋里不穿大衣是因为：（　　　）
   A. 北京人不怕冷　　B. 做事不方便　　C. 不冷

10. 要是冬天去上海，应该：（　　　）
    A. 准备一件大衣
    B. 准备一件毛衣
    C. 准备厚一点儿的衣服

七、语法

1 概数的表示法　Expressing approximate numbers

汉语表达概数的方法有很多，常用的概数词有以下几种：
There are many ways to express approximate numbers in Chinese, of which the usual ways are as follows：

1. "多"在数词或数量词后边表示超过该数有不定零数。
"多" is added to a numeral or numeral-classifier compound to express the excess of the given number.

A. 个位数+量词+多+名词，表示个位数以下的零数。例如：
The pattern "digit + measure word + 多 + noun" is used to indicate the fractional amount below the digit, e.g.

(1) 一斤多水果　　　两块多钱
(2) 二十三岁多　　　七十一公斤多

注意：这时"多"在量词的后边。

Lesson 45

Notice that "多" should be put after measure words.

B. 十位数以上的数词词组表示不定零数时，"多"在数词和量词之间，表示该位数（十位、百位等）以下的零数。例如：

When a two- or multi-digit numeral phrase indicates a fraction, "多" is placed between the numeral and the measure word to indicate the fraction below the two or triple digit, etc. e. g.

（3）二十多斤梨　　三百多本书　　两千多张票

注意：这时"多"在数词和量词之间。

Notice that "多" should be put between the numerals and measure words.

2. "几"可以表示1~9之间的不确定数，"几"后通常有量词。

"几" can be used to indicate an indefinite amount/quantity from 1 to 9, which is usually followed by measure words.

A. "几"在个位数。例如：　　"几" as a digit, e. g.

（4）十几个　　　二十几岁　　　一百三十几公斤

B. "几"在数词的第一个数目。例如：

"几" is at the head of a numeral, e. g.

（5）几十个　　　几百斤　　　几千块

3. 两个相邻的数字一起用，可以表示概数。例如：

Two neighbouring numbers used together can express a round number, e. g.

（6）一两天　　　三四个　　　五六块
（7）一二十斤　　四五十个　　七八十块
（8）二三百本　　五六百个　　八九百块
（9）这个医院有三四百个护士。
（10）这里离火车站有五六十公里。
（11）每个班都有十七八个学生。

4. "左右"可以用在数词词组或数量词后边，表示比该数稍多或稍少的数。例如：

"左右" can be used after numeral phrases or numeral-classifier compounds to indicate a number a bit more or less than the given number, e. g.

123

(12) 二十个左右　　　五百块左右
(13) 八点半左右　　　一个星期左右

5. "来"可以表示大概的数目，一般指超过那个数目。
"来" can be used to express a round number, generally more than the given number.

A. 用在十位数以上的多位数后，表示不定零数。例如：
"来" is placed after a two- or multi-digit number to express an indefinite quantity/ammount, e. g.

(14) 十来个人　　　四十来岁　　　一百五十来块钱
(15) 一千来个学生　二十来个小时

B. 在度量衡量词后，构成："数+量+来+名/形"格式。例如：
"来" is placed after the words of weights and measures to form the structure "numeral + measure word + 来 + noun/adjective", e. g.

(16) 七斤来重　　　三里来地

2 量词重叠　Repetition of mesaure words

量词重叠表示"每一个""没有例外"的意思。例如：
The repetition of measure words is used to indicate "every" or "without exception", e. g.

(1) 她年年冬天犯关节炎。
(2) 他天天打太极拳。
(3) 他们班学生个个都很努力。
(4) 他的衣服件件都很漂亮。

3 "而且"　and also, but also

表示意思更进一层，连接并列的形容词、动词和小句。
"而且" means furthermore, which links the parallel adjectives, verbs or clauses, e. g.

1. 连接形容词。例如：Linking adjectives, e. g.

(1) 这件衣服质量很好，而且很便宜。

（2）现在的火车比过去舒适多了，而且更准时了。
（3）他很聪明，而且十分用功。
（4）这里环境很好，而且很方便。

2. 连接动词。例如： Linking verbs, e.g.

（5）他能开车，而且能修车。
（6）我会说汉语，而且会写汉字。
（7）坐在前边看得很清楚，而且听得也很清楚。
（8）这项研究已经完成，而且已经产生了效益。

3. 连接小句。例如： Linking clauses, e.g.

（9）那个地方条件很差，风沙大，而且水很缺。
（10）这种鞋穿着舒服，而且走路不费劲儿。
（11）阿里很聪明，而且学习努力，所以学得很好。
（12）在我们这里买车便宜不说，而且一年内修车不要钱。

第 46 课

本课重点

1. 他向客人介绍了公司的情况。
2. 我要往日本发传真。
3. 这趟火车开往上海。
4. 我替他准备好了行李。
5. 他为这件事心里很生气。

一、生词

1. 发	（动）	fā	send
2. 为	（介）	wèi	for
3. 软	（形）	ruǎn	soft
软件	（名）	ruǎnjiàn	software
4. 硬	（形）	yìng	hard
硬件	（名）	yìngjiàn	hardware
5. 主要	（形）	zhǔyào	main, major, chief
6. 出口	（动）	chūkǒu	to export
7. 进口	（动）	jìnkǒu	to import
8. 大约	（副）	dàyuē	about, probably
9. 说明	（动）	shuōmíng	to illustrate, to explain
说明书	（名）	shuōmíngshū	(technical) manual
10. 样品	（名）	yàngpǐn	sample
11. 产品	（名）	chǎnpǐn	product
12. 传真	（名）	chuánzhēn	telex, fax
13. 价格	（名）	jiàgé	price
14. 替	（介、动）	tì	on behalf of; to substitute

Lesson 46

15.	宣传	（动）	xuānchuán	to conduct propaganda
16.	道歉		dào qiàn	to apologize
17.	数量	（名）	shùliàng	quantity/amount
18.	日期	（名）	rìqī	date
19.	期间	（名）	qījiān	period
20.	办法	（名）	bànfǎ	way, means, measure
21.	向	（介）	xiàng	to, towards
22.	往	（介）	wǎng	towards
23.	空中	（名）	kōngzhōng	in the sky
24.	树林	（名）	shùlín	woods
25.	山脚下		shānjiǎo xià	on the foot of a mountain
	山顶	（名）	shāndǐng	at the top of a mountain
26.	海	（名）	hǎi	sea
27.	规定	（名、动）	guīdìng	rule, regulation
28.	趟	（量）	tàng	*a measure word for a trip*
29.	预订	（动）	yùdìng	to book, to reserve (in advance)
30.	心里	（名）	xīnli	in the heart
31.	失去	（动）	shīqù	to lose
32.	感到	（动）	gǎndào	to feel
33.	市民	（名）	shìmín	urban residents

专有名词

马克		Mǎkè	Mark (a person's name)

二、生词练习

1. 发

    往北京发了一封信｜给他发 E-mail｜发一个传真｜在报上发了一个消息

127

2. 为

　　我为这个公司工作|他为我送去一封信|阿里为他买好了车票

3. 软

　　这张床很软|这个坐位比较软|习惯吃软的东西|电脑软件

4. 硬

　　宾馆的床太硬|杯子掉在硬地上，碎了|一枝硬铅笔|一毛钱硬币|电脑硬件

5. 主要

　　这是他的主要工作|找一找主要的问题|主要讨论了两件事|他是主要演员

6. 出口

　　他们的产品出口国外|出口商品|他们的汽车向国外出口

7. 进口

　　这辆车是从国外进口的|进口商品|他在进出口公司工作|进口电脑

8. 大约

　　大约需要50多块钱|从这儿到购物中心大约要走十几分钟|我们到那儿的时候大约五点多

9. 说明

　　向老板说明情况|向大家作了说明|这个软件怎么用，他没有说明|要商品说明书

10. 样品

　　先要看看样品再决定买不买|我看过了样品|展览会上的样品不卖

11. 产品

　　出口产品|进口产品|新产品|这是我们公司的产品

12. 传真

　　发一个传真|往国外发一个传真|买一台传真机

13. 价格

　　他觉得价格太高|价格便宜而且质量很好|降低价格

Lesson 46

14. 替

   我替他发一个传真｜我替他请了假｜我们都替他着急｜他替公司做宣传｜他替我想了一个办法

15. 宣传

   宣传公司的产品｜在报纸上作宣传｜为新产品作宣传

16. 道歉

   他来向你道歉｜为这件事他道了歉｜必须让他道歉

17. 数量

   新产品数量不多｜出口商品的数量越来越多｜质量高而且数量多

18. 日期

   开学的日期是9月1日｜记住开会的日期｜不知道产品出口的日期

19. 期间

   在圣诞节期间｜放暑假期间他在饭馆打工｜样品在展览期间是不卖的

20. 办法

   你有什么办法｜快点儿想一个办法｜这是一个好办法｜我也没有办法

21. 向

   他来向我告别｜应该向警察报案｜我向他作了解释｜我得向老板请假｜他向我打听情况

22. 往

   你往前边看｜他往公司发了一个E-mail｜我往前走了一步｜你往哪儿去｜汽车往学校里开去

23. 空中

   小鸟从空中飞下来｜飞机向空中飞去｜他抬头往空中看

24. 树林

   狐狸向树林中跑去｜在树林里散步｜门前有一片小树林

25. 山脚下

   山脚下有一条河｜从山脚下往上爬｜向山脚下走去｜山顶上有一棵大树｜往山顶上爬

129

26. 海

   在海边散步｜海上有一条船｜汽车向海边开去

27. 规定

   这是学校的规定｜向学生说明学校的规定｜学校规定学生必须上课｜在哪儿吃饭学校没有规定

28. 趟

   我去了一趟上海｜这趟车开往西安｜每天来回走好几趟｜下课以后我要去一趟图书馆

29. 预订

   在宾馆预订了一个房间｜预订飞机票｜在饭馆预订坐位

30. 心里

   他心里很不高兴｜心里很害怕｜我不知道他心里怎么想｜这是我的心里话

31. 失去

   我失去了一个机会｜他失去了朋友｜已经失去了很多时间｜小张失去了工作

32. 感到

   我感到很奇怪｜他感到有点儿冷｜我感到很麻烦｜他感到很着急

33. 市民

   北京市市民｜为市民们服务｜往市民家里送牛奶

三、句型与对话

句型 1　Sentence Pattern 1

飞机向空中飞去。

马丁	山顶	爬
他	树林	走
阿里	山脚下	跑
汽车	海边	开

对话　Dialogue

A：飞机向哪儿飞去？
B：飞机向空中飞去。

Lesson 46

句型 2　Sentence Pattern 2

他向客人介绍了公司的情况。
　　　学生　说明　学校的规定
　　　客人　说明　产品的数量
　　　别人　打听　开会的日期
　　　警察　报　　案

对话　Dialogue
A：他向谁介绍了公司的情况？
B：他向客人介绍了公司的情况。

句型 3　Sentence Pattern 3

我要往日本发传真。
　　　公司　　打电话
　　　学校　　发 E-mail
　　　天津　　送新产品
　　　展览会　送样品

对话　Dialogue
A：你要往哪儿发传真？
B：我要往日本发传真。

句型 4　Sentence Pattern 4

这趟火车开往上海。
　　　这些包裹　寄　欧洲
　　　这些软件　卖　国外
　　　这封信　　送　大使馆
　　　这条路　　通　机场

对话　Dialogue
A：这趟火车开往哪儿？
B：这趟火车开往上海。

句型 5　Sentence Pattern 5

我替他准备好了行李。
　　　发　传真
　　　查　日期
　　　问　价格
　　　想　办法
　　　预订　坐位

对话　Dialogue
A：你替他准备好行李了没有？
B：我替他准备好了行李。

131

句型 6　Sentence Pattern 6

他为这件事<u>心里很生气</u>。
　　　　　心里很着急
　　　　　心里很失望
　　　　　心里很后悔
　　　　　来道歉

对话　Dialogue
A：他为什么<u>生气</u>?
B：他为这件事<u>心里很生气</u>。

句型 7　Sentence Pattern 7

我们从<u>一月二十日</u>开始<u>放假</u>。
　　　星期一　　　　考试
　　　下个月　　　　比赛
　　　八点　　　　　上课

对话　Dialogue
A：你们从什么时候开始<u>放假</u>?
B：我们从<u>一月二十日</u>开始<u>放假</u>。

四、复练

1. A：阿里向你打听什么? 马丁向你打听什么?
   B：阿里向我打听产品的价格，马丁也向我打听产品的价格。

2. A：老师向你们说明什么情况?
   B：老师向我说明了学校的规定，老师也向他说明了学校的规定。

3. A：我们应该往哪一边走?
   B：可以往东边走，也可以往西边走。往东往西都可以走。

4. A：这一趟火车开往哪儿? 下一趟火车开往哪儿?
   B：这一趟火车开往上海，下一趟火车开往南京。

5. A：你们在展览会上主要做什么工作?
   B：我主要替公司作宣传，他主要替公司送样品。

6. A：你替我预订飞机票了吗?
   B：我替你预订好了机票，我还替你预订好了坐位。

Lesson 46

7. A：你为什么感谢他们？
   B：阿里为我忙了一个上午，马丁也为我忙了一个上午。我应该向他们说谢谢才对。

8. A：在广州你们有地方住吗？
   B：有。宾馆为我准备了房间，也为他准备了房间。我们的房间早就预订好了。

9. A：上午你们有没有时间？
   B：上午我们没有时间。从八点到十点我要上课，从十点到十二点他要上课。

五、复述课文

马克为美国的一家电脑公司工作。他的工作主要是向中国出口电脑软件。所以他每年大约要来中国两三次，从美国带一些样品来，向人们介绍新产品，替公司作宣传。在中国期间，他常常往公司发 E-mail 或者发传真。

六、阅读课文

为市民们送奶

小张从农村到城里打工，工作不太好找，他好容易才找到一份为市民送牛奶的工作。有些市民向送奶公司预订了一个月的牛奶，送奶公司就让送奶工每天往市民家里送奶。他们的工作大约从下午一点钟开始，一般在七点以前要把奶送到市民家中。送完了这一家，又往那一家送。现在城里人都住楼房，所以小张每天都得往楼上爬。刚从这边的楼下来，又得往那边的楼上爬，每天要爬很多趟楼。送奶的工作比较简单，但是挺辛苦。不过小张年轻，爬这一点儿楼他没有感到累。

每个月月底，他还要一家一家地到这些市民家里去，替公司把预订下个月牛奶的钱收上来。他们公司也为市民送别的东西。比如，要是市民们预订了蔬菜和水果，他们就为市民把蔬菜水果送到家。要是市民预订了啤酒、矿泉水或者书，他们就替市民把这些东西买来，并且为他们送去。现在的人都越来越忙，有些人没有时间上街买东西，那么就可以给他们公司打电话预订，说明要买的东西、牌子和数量。公司就替他们去把东西买来，并且为他们送到家。东西送到家以后才付钱。一般打了电话以后，第二天就能送到。市民们感到很方便，觉得这个办法不错。当然东西会贵一点儿，但这是应该的，因为别人为你送到了家。这个办法还增加了很多工作的机会，使很多人有了工作。

根据课文判断下列句子的对错

1. 小张很容易就找到了工作。　　　　　　　　　　　　（　　）
2. 如果要让送奶工送奶就必须先预订。　　　　　　　　（　　）
3. 小张每天上午都很忙。　　　　　　　　　　　　　　（　　）
4. 送奶工每天要上楼下楼很多次。　　　　　　　　　　（　　）
5. 小张感到不累是因为工作不辛苦。　　　　　　　　　（　　）
6. 每个月初要把预订牛奶的钱收上来。　　　　　　　　（　　）
7. 别的东西也可以预订。　　　　　　　　　　　　　　（　　）
8. 预订别的东西要第二天才能送到，因为他们必须先去商店把东西买来。
   　　　　　　　　　　　　　　　　　　　　　　　　（　　）
9. 送别的东西也是先付钱后送东西。　　　　　　　　　（　　）
10. 送到家的东西比较便宜。　　　　　　　　　　　　　（　　）
11. 市民们喜欢这个办法。　　　　　　　　　　　　　　（　　）

七、语法

介词结构(3)　　Prepositional structure (3)

比较常用的介词还有"向、往、替、为"等。
"向、往、替、为" are frequently used prepositions.

1. "向"的宾语可以是处所，也可以是人或物。宾语是处所时指出行为的方向；宾语是人或物时，指出行为动作的接受者。例如：

Lesson 46

The object of "向" can be a place, a person or thing. When it is a place, "向" indicates the direction of the action; when it is a person or thing, "向" indicates the receiver of the action, e.g.

(1) 汽车向前开了一公里。
(2) 他向这边走来。
(3) 警察向他大喊一声:"站住!"
(4) 我向他们介绍了情况。

宾语是处所时,"向……"有时放在动词后边做补语。例如:

When the object is a place, the strcture "向……" is sometimes placed after the verb as a complement, e.g.

(5) 这条小路通向后花园。
(6) 他站起来走向黑板。

2. "往"表示动作行为的方向。与"向"不同的是,"往"的宾语只能是处所。"往"只表示方向,"向"还有"面对"的意思,当一个动作可以解释为"面对",也可以解释为"方向"时,"往"与"向"可以通用,可以互相替代,如例(1)(2)(5)(7)(8),否则两者是不同的,不能互换,如例(6)(9)。

"往" indicates the direction of the action whose object can only be a place, which is different from "向". "向" also means "to face". When an action can be interpreted as either "to face" or "in the direction of", "向" and "往" are interchangeable, e.g. (1)(2)(5)(7) and (8), otherwise they are not interchangeable, e.g. (6) and (9).

(7) 往西走二百米就到家了。
(8) 开完了会人们都往外走。
(9) 你先往办公室打个电话。

"往"的宾语如果是人或物,就必须加"这儿""那儿"或其他处所词,使它变成一个处所。例如:

If the object of "往" is a person or thing, "这儿", "那儿" or other nouns denoting places should be added to it to make it become a place, e.g.

(10) 你往我这儿看。
(11) 他往牛身上踢了一脚。

135

"往……"也可以放在动词后边做补语。例如：
The structure "往……" can also be placed after a verb as a complement, e.g.

(12) 这辆车开往上海。
(13) 那些信寄往德国。

3. "替"表示替代。例如： "替" is used to express a substitution, e.g.

(14) 一切手续都替他办好了。
(15) 我替你准备好了行李。
(16) 你见到他时，替我向他问好。
(17) 我替你请一个假。

4. "为"指出行为动作服务的对象。例如：
"为" indicates the object of an action, e.g.

(18) 我为你订好了机票。
(19) 为人民服务。
(20) 他为我忙了一个上午。

"为"也可以表示原因和目的。例如：
"为" can also be used to express a cause or purpose, e.g.

(21) 他特地为这件事来道歉。
(22) 我们都为他高兴。
(23) 为这么点儿小事不值得生气。

5. "在"也可以表示动作行为发生的时间，后边常常有"时""时候"或其他时间词。例如：
"在" is also used to express the time when the action is taken, which is often followed by "时"，"时候" or other time expressions, e.g.

(24) 在上课的时候他睡着了。
(25) 他在二十五岁时结了婚。
(26) 在第一年他觉得很不习惯。

6. "从"也可以表示动作行为发生的时间起点或者其他事情的起点。例如:
"从" is also used to indicate the starting time of an action or some other things, e. g.

(27) 我从八点到十二点一直在这里。
(28) 他们从明天开始放假。
(29) 从去年起他访问了二十多个作家。
(30) 这个商场的衣服从一二百块的到几千块的都有。

第47课

本课重点

1. 我已经请了假了。
2. 我学了三个月汉语了。
3. 还是健康重要，你劝他别吸烟了。
4. 这件衣服太大了。
5. 老师傅的工作忙极了。

一、生词

1.	修	（动）	xiū	to fix, repair, mend
2.	修理	（动）	xiūlǐ	to repair
	修理工	（名）	xiūlǐgōng	mechanic, maintenance worker
3.	厂	（名）	chǎng	factory
	修理厂	（名）	xiūlǐchǎng	repair shop
4.	师傅	（名）	shīfu	master worker, a respectful form to address skilled workers
5.	徒弟	（名）	túdì	apprentice
6.	带	（动）	dài	to lead, head, supervise
	带徒弟		dài túdì	to train an apprentice
	带研究生		dài yánjiūshēng	to be a superviser for graduate students
7.	老板娘	（名）	lǎobǎnniáng	proprietress, shopkeeper's wife
8.	亲戚	（名）	qīnqi	relative
9.	偷懒		tōu lǎn	to loaf on the job
10.	熟	（形）	shú	familiar
	熟人	（名）	shúrén	acquaintance

Lesson 47

11.	勤快	（形）	qínkuài	industrious
12.	顾客	（名）	gùkè	customer, client
	游客	（名）	yóukè	tourist
13.	脾气	（名）	píqi	temper
	发脾气		fā píqi	to lose one's temper
14.	别	（副）	bié	don't
	别……了		bié……le	don't …
15.	零件	（名）	língjiàn	spare part
16.	太……了		tài……le	too … ; extremely, very
17.	机器	（名）	jīqì	machine
18.	辞退	（动）	cítuì	to fire
19.	技术	（名）	jìshù	technology
	技术员	（名）	jìshùyuán	technician
20.	哭	（动）	kū	to cry
21.	不是……而是……		bú shì……ér shì……	it's not … , but …
22.	美	（形）	měi	beautiful
23.	美丽	（形）	měilì	beautiful
24.	关系	（名）	guānxi	relation(s)
25.	棒	（形）	bàng	excellent, strong, good
26.	经济	（名）	jīngjì	economy
27.	好几		hǎo jǐ	a good many, quite a few
28.	犯(错误)	（动）	fàn(cuòwù)	make (a mistake)
29.	职员	（名）	zhíyuán	staff member
30.	劝	（动）	quàn	advise; persuade
31.	难受	（形）	nánshòu	feel unwell
32.	敢	（动）	gǎn	to dare

二、生词练习

1. 修
    他会修汽车｜我去修自行车｜请人修一修｜已经修好了
2. 修理
    这台机器需要修理｜修理汽车｜修理房屋｜请一个修理工
3. 厂
    工厂｜汽车厂｜电视机厂｜修理厂｜他在服装厂工作
4. 师傅
    工厂的老师傅｜张师傅｜李师傅｜他是我的师傅
5. 徒弟
    张师傅的徒弟｜徒弟向师傅学技术｜带两个徒弟｜收一个徒弟
6. 带
    张师傅已经带了两个徒弟了｜张教授带了三个研究生｜他带孩子去看病｜带学生去参观
7. 老板娘
    饭馆的老板娘｜服装店的老板娘
8. 亲戚
    他是我的亲戚｜他们有亲戚关系｜去看望亲戚｜走亲戚
9. 偷懒
    不要偷懒｜他常常偷懒｜师傅不在，徒弟们就想偷懒
10. 熟
    他是我的熟人｜我跟他很熟｜他在北京有很多熟人
11. 勤快
    这个小伙子很勤快｜他是一个勤快的人｜干活儿勤快
12. 顾客
    来了一位顾客｜商店里有很多顾客｜公园里的游客
13. 脾气
    张师傅脾气不好｜向徒弟们发脾气｜他大发脾气｜坏脾气
14. 别
    别开玩笑｜别说话｜别站着｜别出去｜别看电视了｜别玩了｜别生气了｜别发脾气了｜别着急了

Lesson 47

15. 零件
    汽车零件|自行车零件|换一个零件|没有零件没办法修理
16. 太……了
    他唱得太棒了|我太羡慕了|那个地方太美了|这真是太好了|这件衣服太大了|行李太重了|马路太窄了|这个菜太咸了
17. 机器
    一台机器|张师傅正在修理机器|买机器的零件|这台机器的质量很好
18. 辞退
    老板辞退了一个工人|辞退了售货员|老板把他辞退了
19. 技术
    需要技术工人|他是工厂的技术员|修车的技术很棒|开车的技术|他技术特别棒
20. 哭
    孩子又哭了|劝他别哭了|他又哭又笑
21. 不是……而是……
    他不是不会干，而是不愿意干|他不是不努力，而是方法不对|开会的日期不是星期一，而是星期二
22. 美
    这张画很美|这本书的语言很美|这个地方很美
23. 美丽
    美丽的鲜花|美丽的姑娘|美丽的服装
24. 关系
    他们是师徒关系|父女关系|夫妻关系|亲戚关系
25. 棒
    他的身体很棒|他的技术很棒|一个棒小伙子|棒极了
26. 经济
    国家的经济情况|在大学学习经济|经济环境
27. 好几
    我去了好几趟|忙了好几天|花了好几百块钱|来了好几个人
28. 犯
    我犯了一个错误|他又犯错误了|他的老毛病又犯了

141

29. 职员
    我们公司有2000个职员｜银行的职员｜工厂的工人和职员
30. 劝
    你劝他不要吸烟｜大家劝他不要偷懒｜他不听别人的劝告
31. 难受
    我觉得胃很难受｜天气热得难受｜心里很难受
32. 敢
    他不敢偷懒｜小李不敢坐飞机｜我不敢闯红灯

三、句型与对话

句型 1　Sentence Pattern 1

我已经请了假了。
　　报　名
　　发　传真
　　换　零件
　　订　票

对话　Dialogue
A：要不要我替你请假？
B：不用，我已经请了假了。

句型 2　Sentence Pattern 2

我学了三个月汉语了。
　修　　一个小时　机器
　研究　十年　　　经济
　带　　两年　　　徒弟
　请　　三天　　　假

对话　Dialogue
A：你学了多长时间汉语了？
B：我学了三个月汉语了。

句型 3　Sentence Pattern 3

这辆车换了好几个零件了。
　这个顾客　来　次
　老板娘　　发　次　脾气
　他的车　　修　次
　这个师傅　带　个　徒弟
　这个职员　犯　次　错误

对话　Dialogue
A：这辆车换了几个零件了？
B：这辆车换了好几个零件了。

Lesson 47

句型 4 Sentence Pattern 4

别 开玩笑。
　　偷懒
　　哭
　　笑
　　给他修
　　为一点儿小事生气

对话 Dialogue
A：别 开玩笑。
B：我没有 开玩笑。

句型 5 Sentence Pattern 5

还是健康重要，你劝他别 吸烟 了。
　　　　　　　　喝酒
　　　　　　　　发脾气
　　　　　　　　生气

对话 Dialogue
A：老张又 吸烟 了。
B：还是健康重要，你劝他别 吸烟 了。

句型 6 Sentence Pattern 6

这件衣服太大了。
　　这条马路　　窄
　　这个菜　　　咸
　　他的亲戚　　胖
　　他的徒弟　　懒
　　这些技术　　复杂

对话 Dialogue
A：这件衣服大吗？
B：这件衣服太大了。

句型 7　Sentence Pattern 7

<u>老师傅的工作忙</u>极了。

这台机器	好
办手续	麻烦
他的亲戚	勤快
我的胃	难受
这儿的秋天	美
阿里的身体	棒

对话　Dialogue

A：<u>老师傅的工作忙</u>吗？
B：<u>老师傅的工作忙</u>极了。

四、复练

1. A：刚才你去哪儿了？刚才他去哪儿了？
   B：刚才我去修自行车了，刚才他去锻炼身体了。

2. A：刚才你们在路上碰到熟人了吗？
   B：我在路上没碰到熟人，他在路上也没碰到熟人。

3. A：张师傅带了几个徒弟？李师傅带了几个徒弟？
   B：张师傅带了两个徒弟了，李师傅带了三个徒弟了。

4. A：这台机器用了多长时间了？那台机器用了多长时间了？
   B：这台机器用了八年了，那台机器用了十年了。

5. A：你们来了几个月了？
   B：我来了三个月了，他来了三个半月了。

6. A：王师傅的亲戚搬来几天了？李师傅的亲戚搬来几天了？
   B：王师傅的亲戚搬来好几天了，李师傅的亲戚搬来好几个月了。

7. A：这两个零件要不要换？
   B：这个零件别换，那个零件也别换。这两个零件没有坏。

8. A：这两件事要不要再讨论讨论？
   B：已经讨论过这么多次了。这件事别讨论了，那件事也别讨论了。

9. A：老王和老李的脾气怎么样？
   B：老王的脾气坏极了，老李的脾气好极了。这两个人的脾气很不同。

10. A：这两台机器好用吗？
    B：这台机器好用极了，那台机器也好用极了。这两台机器都很棒。

五、复述课文

马师傅修机器的技术棒极了。可是他脾气不好，常常对徒弟们发脾气。他的徒弟个个都怕他，不敢偷懒。马师傅对老板说："我要是对他们太客气了，他们就不好好学技术了。"

六、阅读课文

这个徒弟太懒了

老王在汽车修理厂工作了二十年了，修车很有经验，修车的技术棒极了，所以他有很多老顾客。那些人只要车坏了，就会来找老王修车，他们不愿意去别的修车厂。有这样的修车师傅，修车厂的生意当然很不错。

老板叫老王带了一个徒弟，这个徒弟是老板娘的亲戚。这个小伙子懒极了。虽然老王很认真地教他，常劝他勤快一点儿，可是他还是不好好干，也不好好学，老王对他没办法。所以他学了三年了，很多活儿还是不会干。

有一次老王因为家里有事，向老板请了三天假。再来上班时，看见有一个顾客正在发脾气，说他的车修了三天了，为什么还没有修好。原来老王的徒弟三天没有干活儿，那辆车仍然放在老地方。老王赶紧向顾客道歉说："对不起，您别生气了，我马上就给您看看车有什么毛病。"他打开盖儿一检查，发现毛病不大，换个零件就行了。机器别的地方都很正常。这种活儿太容易干了，老王很快就为顾客修好了车。

送走了那位顾客以后，老王对徒弟很生气。这么容易干的活儿，他的徒弟不是不会干，而是不愿意干。这样做生意，谁还会来修车？他跟老板说，这个徒弟太懒了，别让他干了。可是老板不敢辞退他，因为他是老板娘的亲戚，老板怕老板娘。要是跟老板娘没有亲戚关系，这样的人老板早就辞退他了。

当然老板也知道老王已经40多岁了，年纪越来越大。以后退休了怎么办？所以老板又叫老王带了好几个徒弟。他打算把干得好的徒弟留下来，把干得不好的徒弟都辞退掉。

根据课文回答下列问题

1. 老王修汽车修了多少年了？
2. 顾客为什么喜欢找老王修车？
3. 修车厂为什么生意不错？
4. 老王的徒弟怎么样？
5. 徒弟有很多活儿不会干，是王师傅不愿意好好教吗？
6. 那位顾客的汽车在修车厂放了几天了？
7. 老王为什么三天没有给顾客修车？
8. 他的徒弟不给顾客修车是因为不知道怎么干吗？
9. 看见顾客发脾气，老王做什么？
10. 老王觉得他的徒弟应该继续在那儿工作吗？
11. 老板为什么不辞退这个懒徒弟？
12. 老王现在还带着一个徒弟吗？

七、语法

1 动态助词"了"(3)　　Verbal particle "了"(3)

1. "了"在句末时常常表示发生了什么，它通常管着全句。例如：

"了" at the end of a sentence often indicates what has happened, e. g.

（1）你看见什么了。
（2）我已经做完作业了。
（3）他已经回家了。

否定形式用"没"，后边的"了"要去掉。例如：

In the negative form "没" is used, and "了" should be deleted, e. g.

(4) 他没看见我。

(5) 他没做完作业。

2. 当一个句子在表示发生了什么的同时，又强调句中的行为动作已经完成，就可以出现两个"了"。例如：

When a sentence expresses what has happened while emphasizing the completion of the action, "了" is used twice in the sentence, e. g.

(6) 我已经做了作业了。

(当别人问你"你为什么不做作业？"回答时要强调"做了作业"这件事已经发生。)

(7) 我吃了饭了。

(当别人邀请你一起去吃饭时，你要强调"吃了饭"这件事已经发生。)

3. 如果不但要表示动作完成，而且要说明完成动作时时间或数量的持续，一个句子也会有两个"了"。动词后的"了"表示动作的完成，句末的"了"表示到说话时为止，行为持续的时间或数量。这时动作一般还没有结束，还在持续。例如：

If the duration or frequency of an action is emphasized while indicating its completion, "了" can also be used twice in the sentence. "了" after the verb indicates the completion of the action and the one at the end of the sentence indicates its duration or frequency. And usually the action still continues, e. g.

(8) 我等了你一个小时了。

(9) 阿里学了两年汉语了。

(10) 吃了三次药了，病还没好。

2 "别……了"或者"不要……了"   don't...

表示希望某种行为或状态停止，希望发生某种变化。如果是将来时间则表示希望改变原来的计划。例如：

The structure expresses the speaker's wish to stop the action or the wish for a certian change, or shows the wish to change the original plan if it is the future tense, e. g.

(1) 别说话了。
(2) 别开他的玩笑了。
(3) 明天你别来了,我去你那儿吧。
(4) 不要睡了,该起床了。

注意:"别……"跟"别……了"的意思有些不同。"别……"表示阻止别人做某事。"别……了"是劝别人改变原来的计划、习惯或者状态等。例如:

Note: please notice the difference between "别……" and "别……了", "别……" means to stop others doing sth., while "别……了" aims to persuade others to change the original plan, habit or state, e.g.

(5) 别去。(阻止别人去)
(6) 别去了。(劝别人改变原来的计划)

3 "太……了" very, extremely

这个结构中的形容词如果有赞赏的意思,如"好、美、漂亮、棒、可爱、伟大"等,那么就构成感叹句,表示程度非常高。例如:

If the adjective in the structure "太……了" implies appreciation, such as "好、美、漂亮、棒、可爱、伟大", the sentence expresses an exclamation to indicate a high degree, e.g.

(1) 这个电影太有意思了!
(2) 这个消息太好了!
(3) 你的孩子太可爱了!

"太……了"中的形容词如果是"大、小、高、低、肥、瘦、长、短、轻、重、粗、细、咸、淡、厚、薄、宽、窄、早、晚、贵"等,就表示现实的事或事物不合标准。例如:

If the adjectives in the structure "太……了" are "大、小、高、低、肥、瘦、长、短、轻、重、粗、细、咸、淡、厚、薄、宽、窄、早、晚、贵", etc., the sentence indicates that the thing is not up to the standard, e.g.

(4) 这件衣服太大了。
(5) 这个菜做得太咸了。
(6) 现在去太早了。

口语中"太"可以省略。例如:
In spoken Chinese, "太" can be omitted, e.g.

(7) 这件衣服大了。

(8) 这个菜咸了。

(9) 现在去早了。

4 "好几……" a good many, quite a few

"好几……"也表示概数，强调主观上觉得数量多，可以表示个位、十位、百位等任何一位的概数。例如：

"好几……" also indicates an approximate number on any digit, expressing a great quantity in the speaker's view, e. g.

(1) 修了好几天没修好。（个位）

(2) 教室里坐着好几十个人。（十位）

(3) 我花了好几百块钱。（百位）

(4) 书架上放着好几千本书。（千位）

第 48 课

本课重点

1. 我看得懂这个电视剧。
2. 我看不清黑板上的字。
3. 这副耳机我修了半天也修不好。
4. 我以为他不懂，其实他很明白。
5. 只有晴天才能看见月亮。

一、生词

1.	天上	（名）	tiānshàng	in the sky
2.	太阳	（名）	tàiyang	sun
3.	月亮	（名）	yuèliang	moon
4.	星星	（名）	xīngxing	star
5.	数	（动）	shǔ	to count
6.	清	（形）	qīng	clear
7.	从前	（名）	cóngqián	a long time ago
8.	抬(头)	（动）	tái(tóu)	to lift (one's head)
9.	天空	（名）	tiānkōng	sky
10.	云	（名）	yún	cloud
	多云		duō yún	cloudy
	白云		bái yún	white cloud
11.	以为	（动）	yǐwéi	to think
12.	傻	（形）	shǎ	silly
13.	傻瓜	（名）	shǎguā	fool
14.	位置	（名）	wèizhi	position
15.	弄	（动）	nòng	to do, handle, make

Lesson 48

16.	只有……才……		zhǐyǒu……cái……	only ... can (do) ...
17.	雾	（名）	wù	fog
18.	耳机	（名）	ěrjī	earphone
19.	谜语	（名）	míyǔ	riddle
20.	治	（动）	zhì	to treat (a disease), cure
21.	笨	（形）	bèn	stupid, foolish
22.	电视剧	（名）	diànshìjù	TV drama
23.	副	（量）	fù	a measure word for glasses, gloves, earphones, etc.
24.	玻璃	（名）	bōli	glass
25.	聪明	（形）	cōngming	intelligent, clever
26.	骄傲	（形）	jiāo'ào	arrogant, be proud
27.	谦虚	（形）	qiānxū	modest
28.	成功	（形、动）	chénggōng	successful; success
29.	失败	（名、动）	shībài	failure; be defeated
30.	洞	（名）	dòng	hole, cavity
31.	棍子	（名）	gùnzi	stick, rod
32.	满	（形）	mǎn	full, filled
33.	根	（量）	gēn	a measure word for long and thin objects

二、生词练习

1. 天上

   天上飞着飞机｜天上的星星｜天上的太阳｜小鸟在天上飞

2. 太阳

   早晨太阳升了起来｜那个地方常常下雨，见不到太阳｜人们需要太阳

3. 月亮

   晚上月亮升了起来｜今天晚上有月亮

4. 数

　　数一数有多少人 | 我数过了，有十个人 | 你数得不对 | 有数不清的人

5. 清

　　看不清黑板上的字 | 听不清他说什么 | 弄不清是怎么回事

6. 从前

　　这是从前的事 | 从前这儿是草地 | 那是他从前的女朋友

7. 抬(头)

　　他抬头看天空 | 把头抬起来 | 低头看地下

8. 天空

　　天空有一些云 | 蓝色的天空 | 高空中的飞机 | 小鸟在低空飞

9. 云

　　今天多云 | 今天天晴，天上没有云 | 白云 | 黑云 | 一大片云

10. 以为

　　我以为他是南方人，其实他是北方人 | 我以为他病了，其实他出差了 | 我以为很贵，其实挺便宜

11. 傻

　　这样做非常傻 | 他的样子很傻 | 你不要做傻事

12. 傻瓜

　　别人都叫他傻瓜 | 他好像一个傻瓜 | 只有傻瓜才会这样做

13. 位置

　　那个村子在什么位置 | 我弄不清他们的位置 | 他站在左边的位置

14. 弄

　　对不起，我弄错了 | 他把我的车弄坏了 | 把衣服弄脏了 | 我弄不明白 | 要把这个问题弄懂

15. 只有……才……

　　只有星期天他才能休息 | 只有阿里才知道 | 只有夏天才有这种水果

16. 雾

　　今天有雾 | 飞机因为大雾不能起飞 | 在雾中看不清东西

Lesson 48

17. 耳机
    这副耳机坏了｜戴上耳机｜摘下耳机｜买了一副新耳机
18. 谜语
    猜谜语｜这个谜语我猜不着｜猜一个汉字的谜语
19. 治
    大夫给他治病｜他的病治好了｜治了三年没有治好
20. 笨
    他一点儿也不笨｜他做事笨手笨脚｜我嘴笨说不清为什么
21. 电视剧
    看电视剧｜这个电视剧不好看｜我看不懂电视剧
22. 副
    戴一副眼镜｜买一副手套｜这副耳机有毛病
23. 玻璃
    窗户玻璃｜这块玻璃碎了｜把玻璃擦干净｜厚玻璃
24. 聪明
    阿里很聪明｜他是一个聪明人｜有的动物聪明，有的动物笨
25. 骄傲
    马丁太骄傲了｜他骄傲得不得了｜我为你感到骄傲
26. 谦虚
    他总是不够谦虚｜只有谦虚才能进步｜你最好谦虚一点儿
27. 成功
    这个方法很成功｜他成功地找到了工作｜这一次他成功了
28. 失败
    经过失败才会成功｜他不怕失败｜我失败过两次
29. 洞
    山上有一个洞｜墙上有一个洞｜在地上挖了一个洞
30. 棍子
    一根棍子｜手里拿着棍子｜长棍子｜短棍子
31. 满
    教室里坐满了人｜桶里盛满了水｜满满的一杯酒
32. 根
    一根棍子｜两根木棍｜一根头发

153

三、句型与对话

句型 1　Sentence Pattern 1

我<u>看</u>得懂<u>这个电视剧</u>。

　　看　　中文报纸
　　看　　这篇文章
　　听　　上海话
　　听　　电视新闻

对话　Dialogue

A：你<u>看</u>得懂<u>这个电视剧</u>吗？
B：我<u>看</u>得懂<u>这个电视剧</u>。

句型 2　Sentence Pattern 2

<u>我看不清黑板上的字</u>。

　　数　清　　天上的星星
　　看　懂　　这篇文章
　　听　懂　　中文广播
　　弄　明白　这个问题

对话　Dialogue

A：你<u>看</u>得<u>清黑板上的字</u>吗？
B：我<u>看</u>不<u>清黑板上的字</u>。

句型 3　Sentence Pattern 3

<u>这副耳机</u>我<u>修</u>了半天也<u>修不好</u>。

　　这块玻璃　擦　　擦不干净
　　这个谜语　猜　　猜不着
　　这个问题　想　　想不明白
　　他的电话　打　　打不通

对话　Dialogue

A：<u>这副耳机修</u>得<u>好</u>修<u>不好</u>？
B：<u>这副耳机</u>我<u>修</u>了半天也<u>修不好</u>。

句型 4　Sentence Pattern 4

我<u>见</u>不<u>到他们</u>。

　　记　住　这个号码
　　买　着　这张唱片儿
　　算　清　这个账
　　修　好　这副耳机

对话　Dialogue

A：你能<u>见到他们</u>吗？
B：我<u>见</u>不<u>到他们</u>。

Lesson 48

句型 5　Sentence Pattern 5

我以为他<u>不懂</u>，其实他<u>很明白</u>。
　　　很笨　　　很聪明
　　　很骄傲　　很谦虚
　　　很傻　　　很有办法
　　　会失败　　成功了

对话　Dialogue

A：他<u>不懂</u>是不是？
B：我以为他<u>不懂</u>，其实他<u>很明白</u>。

句型 6　Sentence Pattern 6

只有<u>晴天</u>才<u>能看见月亮</u>。
　　努力　　能成功
　　傻瓜　　会这样做
　　星期天　能找到他
　　谦虚　　能进步

对话　Dialogue

A：<u>能看见月亮</u>吗？
B：只有<u>晴天</u>才<u>能看见月亮</u>。

四、复练

1. 可能补语强化练习
   例：老师：买到
   　　学生甲：买得到买不到？
   　　学生乙：买不到。

看见	修好	做完	打开	关上	学会
猜着	听见	数清	睡着	借到	挂住
收到	治好	找着	盛满	听懂	用完
听清楚	洗干净	弄明白	解释清楚	打扫干净

2. A：你看得见天上的星星吗？你看得见天上的月亮吗？
   B：天上有云，我看不见星星，也看不见月亮。

3. A：你看得见对面的树吗？你看得见对面的人吗？
   B：雾太大，我看不见对面的树，也看不见对面的人。

4. A：你们俩今天干得完吗？
   B：我的活儿干得完，他的活儿干不完。

155

5. A：小李的病治得好吗？小王的病治得好吗？
   B：大夫说小李的病治得好，小王的病也治得好。他们的病都不重。

6. A：你还记得他的电话号码吗？
   B：他家的电话号码我记不清了，他办公室的电话号码我也记不清了。

7. A：这种软件现在买得到吗？
   B：这种软件现在买不到了，那种软件还能买到。

8. 马丁：喂，我是马丁，你是阿里吗？你听得清楚吗？
   阿里：我是阿里。你好，马丁，我听得清楚。
   马丁：今天晚上我们一起去看京剧好吗？
   阿里：我听不懂京剧呀！
   马丁：听不懂没关系，你能看懂。
   阿里：好吧，在哪儿见面？
   马丁：六点在校门口见面。

五、复述课文

　　天上有一个太阳，一个月亮，还有数不清的星星。
　　马丁喜欢看天上的星星。晚上要是天气好，看得见星星，他就抬头看着天空。只有天气不好，看不见星星的时候，他才呆在家里。别人以为他在数星星，其实他在看星星的位置。

六、阅读课文

球掉进洞里去了

　　有几个孩子在草地上玩儿球，他们玩儿得很高兴。球到了一个大孩子的脚下，他踢了一脚，球就向远处飞去，飞到草地边上就看不见了。大家都跑过去找那个球，可是找来找去找不到。奇怪，球到哪儿去了呢？

Lesson 48

"找到了，球在这儿呢！"有一个孩子忽然大声喊。

大家跑过去一看，原来草地的边上有一个洞，球掉进洞里去了。他们虽然看得见球，但是拿不到。

怎么才能把球拿出来？这几个孩子在洞边想办法。洞太小，人进不去。用手去拿，手碰不到球。刚才他们好几个人都试过了，没有成功。有一个孩子说，去找一根棍子来，就能把球拿出来。棍子找来了，棍子虽然碰得到球，可是没有用，球还是拿不到。后来他们试着用两根棍子，就像中国人吃饭用筷子那样。当然，球太大，不能用一只手拿两根棍子，必须用两只手。每一只手拿一根棍子，然后往上提。有好几次快要成功了，可是每一次都是球快到洞口时，手一不小心，球又掉了下去。这样试了好几次都失败了。大家都说这个办法太笨，不要再试了。

"我有办法了。"有一个孩子说："我们每一个人提一桶水来，倒进洞里去，洞里的水满了，球就上来了，我们就能拿到球了。"

这个办法真聪明，一定能成功。他们立刻都回家去拿水桶，然后到河边去提水。果然他们成功地拿到了球。

根据课文判断下列句子的对错

1. 大家都去找那个球是因为它不见了。　　（　　）
2. 后来那个大孩子找到了球。　　（　　）
3. 他们曾经跳进洞里去拿球。　　（　　）
4. 他们试着用手拿，但是失败了。　　（　　）
5. 用一根棍子没有用。　　（　　）
6. 用两根棍子的办法有用。　　（　　）
7. 他们在洞边用筷子吃饭。　　（　　）
8. 用棍子的办法试了一次就不试了。　　（　　）
9. 孩子们回家提来了水。　　（　　）
10. 用水的办法很聪明。　　（　　）

七、语法

1 可能补语(1)　　Complement of probability(1)

在动词和结果补语之间加上结构助词"得",就构成表示可能的可能补语,意思是能够取得某种结果。例如:

The structural auxiliary word "得" is added between a verb and its complement of result to make a complement of probability to indicate a possibility, which means a result possibly be achieved, e.g.

(1) 他说得很慢,我听得懂。(能够听懂)
(2) 票还有很多,买得到。(能够买到)
(3) 这本书你今天晚上看得完吗?(能够看完吗?)
(4) 门打得开吗?(能够打开吗?)

否定式是用"不"代替"得"。例如:

In the negative form "不" is used instead of "得", e.g.

(5) 他说得太快,我听不懂。
(6) 人太多,票太少,买不到了。
(7) 这本书今天晚上看不完。
(8) 门打不开。

正反疑问形式是:

The affirmative-negative question form is:

(9) 他说的话你听得懂听不懂?
(10) 人那么多,票买得到买不到?
(11) 门打得开打不开?

2 可能补语与程度补语的区别

Differences between the complement of probability and that of degree

1. 程度补语表示一件事做得怎么样。例如:

The complement of degree shows how something has been done, e.g.

(1) 一定是他,我看得很清楚。(看了,而且觉得很清楚)

Lesson 48

可能补语表示做一件事的可能性。例如：
The complement of probability shows the possibility to do sth., e. g.

（2）不用开灯，我看得清楚。（能够看清楚）

2. 程度补语肯定式形容词前一般加"很"。例如：
An affirmative adjective as a complement of degree generally follows "很", e. g.

（3）衣服洗得很干净。（洗过了，而且很干净）

可能补语肯定式形容词前不能加"很"。例如：
"很" cannot be put in front of an affirmative adjective as a complement of probability, e. g.

（4）这件衣服洗得干净。（能够洗干净）

3. 程度补语的否定式是在"得"后加"不"。例如：
The complement of degree is negated by adding "不" after "得", e. g.

（5）这件衣服洗得不干净。（洗过了，但是还是不干净）

可能补语的否定式是用"不"代替"得"。例如：
In the negative form of the complement of probability, "不" is used instead of "得", e. g.

（6）这件衣服洗不干净。（不可能洗干净）

4. 程度补语的正反疑问形式是：
The affirmative-negative question form of the complement of degree is：

（7）这件衣服洗得干净不干净？

可能补语的正反疑问形式是：
The affirmative-negative question form of the complement of probability is：

（8）这件衣服洗得干净洗不干净？

5. 程度补语后边不能带宾语，如果有宾语必须前置。例如：
The complement of degree does not take an object. If there is an object, it must be preposed, e. g.

159

（9）这件衣服洗得很干净。

可能补语后边可以有宾语。例如：

The complement of probability can take an object, e. g.

（10）我洗得干净这件衣服。

3 可能补语与能愿动词"能"

The complement of probability and the modal verb "能"

可能补语肯定式和"能"都表示"能够"，因此在肯定或提问时两者常常可以互换，意思一样。例如：

The affirmative form of the complement of probability and the modal verb "能" both indicate "capability", so in the affirmative and interrogative sentences they are interchangeable, e. g.

（1）这件衣服能洗干净。= 这件衣服洗得干净。
（2）这件衣服能洗干净吗？= 这件衣服洗得干净吗？

但是在否定时，通常都用可能补语的否定式，而不说"不能……"。例如：

But in the negative sentence, the negative form of the complement of probability is often used instead of "不能…", e. g.

（3）这件衣服洗不干净。（对）
　　 这件衣服不能洗干净。（错）

第 49 课

本课重点

1. 八点以前我们肯定回得来。
2. 没有胶水贴得上去贴不上去?
3. 门锁着,我们进不去。
4. 我越到周末越忙。
5. 我越解释,他越生气。

一、生词

1.	拆	(动)	chāi	to take apart, tear open, undo
2.	装	(动)	zhuāng	to install
3.	手表	(名)	shǒubiǎo	wrist watch
4.	损坏	(动)	sǔnhuài	to damage
5.	不少	(形)	bùshǎo	quite a few
6.	摩托车	(名)	mótuōchē	motorbike
7.	本来	(形)	běnlái	original
8.	碰巧	(副)	pèngqiǎo	by chance, it so happens that ...
9.	轮子	(名)	lúnzi	wheel
10.	车铺	(名)	chēpù	vehicle repair shop
11.	营养	(名)	yíngyǎng	nutrition
12.	派	(动)	pài	to send, dispatch, appoint
13.	举	(动)	jǔ	to lift, raise
14.	苦	(形)	kǔ	bitter
15.	宽	(形)	kuān	wide
16.	沟	(名)	gōu	ditch
17.	最后	(名)	zuìhòu	in the end, at last

18. 肯定	（副、动）	kěndìng	certainly, definitely; affirmative
19. 胶水	（名）	jiāoshuǐ	glue
20. 跳	（动）	tiào	jump, move up and down, skip
21. 恐怕	（副）	kǒngpà	probably
22. 年龄	（名）	niánlíng	age
23. 服务	（名、动）	fúwù	service; to serve
24. 态度	（名）	tàidu	manner, attitude
25. 热闹	（形）	rènao	bustling with activity
26. 风景	（名）	fēngjǐng	scenery, landscape
27. 周	（名）	zhōu	week
周末	（名）	zhōumò	weekend
28. 可	（副）	kě	used for emphasis
29. 不算……		bú suàn	cannot be regarded as …
30. 等	（助）	děng	and so on, etc.
31. 挡	（动）	dǎng	get in the way of; block
32. 包	（动）	bāo	wrap

二、生词练习

1. 拆
   把旧零件拆下来｜把信拆开看看｜拆旧房子｜那边的房子已经拆掉了｜把墙拆了

2. 装
   把零件装上去｜在门上装一把锁｜我的屋子里没有装电话｜我想装一个门铃

3. 手表
   一块手表｜我没有戴手表｜男式手表｜女式手表｜电子表

Lesson 49

4. 损坏

    损坏了东西｜损坏了公用电话｜两辆汽车在交通事故中损坏得很厉害

5. 不少

    他们访问了不少城市｜我去过不少地方｜还有不少问题｜他错过了不少机会

6. 摩托车

    买一辆摩托车｜开摩托车有危险｜他喜欢骑摩托车｜我会修理摩托车

7. 本来

    他的车本来没毛病｜本来用不着这么麻烦｜我的车本来就是好的，没有坏｜这样的事本来不应该发生｜本来就应该这么办

8. 碰巧

    那一天我碰巧不在家｜我在街上碰巧遇到了一个老同学｜我正想去找他，碰巧他来了

9. 轮子

    汽车轮子｜自行车轮子｜前轮｜后轮｜换一个轮子

10. 车铺

    自行车车铺｜去车铺修车｜请问，附近有没有车铺

11. 营养

    这种菜很有营养｜只吃一种菜，营养不够｜牛奶的营养很好

12. 派

    公司派他去上海｜老板派他当经理｜师傅派徒弟去外边干活儿

13. 举

    谁有问题请举手｜他把手举了起来｜这么重的东西我举不起来

14. 苦

    这种咖啡很苦｜我怕吃中药，因为太苦｜这种茶有一点儿苦｜很辛苦｜那时候人们的生活很苦

15. 宽

    这条马路挺宽｜大约有五十米宽｜一件宽大的衣服

16. 沟

    一条沟｜这条沟不太宽｜他跳过了沟｜路边有一条水沟

17. 最后

    他最后一个从车里出来 | 今天的最后一节课 | 最后一辆公共汽车

18. 肯定

    他肯定不会来 | 今天肯定要下雨 | 现在肯定来不及了 | 肯定和否定

19. 胶水

    用胶水贴通知 | 买一瓶胶水 | 邮票的后面有胶水

20. 跳

    从地上跳起来 | 他跳得很远 | 一只小鸟在地上跳来跳去

21. 恐怕

    今天恐怕要刮风 | 你恐怕要迟到了 | 这个办法恐怕不行

22. 年龄

    阿里多大年龄 | 这个人年龄不大 | 年龄在三十岁以下

23. 服务

    这个宾馆的服务很好 | 列车员为旅客服务 | 饭馆的服务员

24. 态度

    对工作的态度 | 宾馆的服务态度 | 他的服务态度不好

25. 热闹

    这条街很热闹 | 热闹的市场 | 年轻人喜欢热闹

26. 风景

    这儿的风景很美 | 海边的风景 | 一座风景美丽的城市

27. 周末

    他周末在家休息 | 这个周末有一场球赛 | 周一周二你做什么 | 开学第一周 | 每个学期有二十周

28. 可

    这事儿你可别忘了 | 我可没这样说 | 这个问题可不简单 | 他跑得可不快 | 办手续可麻烦了

29. 不算……

    这几天不算冷 | 每小时五十公里不算快 | 一百块钱不算贵

Lesson 49

30. 等

    苹果、香蕉等水果｜这个商店卖铅笔、圆珠笔等文具｜中国的大城市比如北京、上海、天津等，人口都很多

31. 挡

    有一辆车挡住了去路｜他的行李把路挡住了｜大树挡住了太阳光｜我看不见，他挡住了我

32. 包

    把零件包起来｜用这张纸包书｜你会不会包饺子｜纸包不住火

三、句型与对话

句型 1　Sentence Pattern 1

八点以前我们肯定回得来。

六点不算早	起	来
门没有锁	进	去
前边没有车挡路	过	去
山上有一条路	上	去

对话　Dialogue

A：你们回得来回不来？
B：八点以前我们肯定回得来。

句型 2　Sentence Pattern 2

四点以前我们回不来。

五点太早了	起	来
门锁着	进	去
前边有车挡路	过	去
山上没有路	上	去

对话　Dialogue

A：你们回得来吗？
B：四点以前我们回不来。

句型 3　Sentence Pattern 3

没有胶水贴得上去贴不上去？

下午四点	赶	回来
一米多高	跳	过去
这些零件	拆	下来
那个轮子	装	上去

对话　Dialogue

A：没有胶水贴得上去贴不上去？
B：没有胶水贴不上去。

句型 4　Sentence Pattern 4

这个柜子太大，恐怕搬不进去。

这条河	宽	游	过去
这个箱子	重	举	起来
这条沟	宽	跳	过去
零件	多	装	上去

对话　Dialogue

A：这个柜子搬得进去吗？
B：这个柜子太大，恐怕搬不进去。

句型 5　Sentence Pattern 5

我越到周末越忙。

食品	新鲜	有营养
咖啡	苦	好喝
轮子	旧	有危险
这条街	到晚上	热闹

对话　Dialogue

A：你周末忙吗？
B：我越到周末越忙。

句型 6　Sentence Pattern 6

我越解释，他越生气。

说	不明白
大声讲	听不懂
劝他休息	不休息
问	不回答

对话　Dialogue

A：你为什么不解释？
B：我解释了。可是我越解释，他越生气。

四、复练

1. 可能补语强化练习

   例：老师：　　进去
   　　学生甲：进得去进不去？
   　　学生乙：进不去。

出去	回来	过去	上来	下去
出来	过来	挂上去	开过去	提上来
推过去	赶回来	拆下来	装上去	跳过去
搬出去	放进去	拿进来	举起来	爬上去

2. A：这两个箱子你一个人搬得上去吗？
   B：这个箱子不算重，我一个人搬得上去。那个箱子太重了，我一个人搬不上去。

3. A：这两个轮子你装得上去吗？
   B：左边的轮子我装得上去，右边的轮子我装不上去。

4. A：门这么窄，这两个沙发搬得进去吗？
   B：这个沙发不算宽，肯定搬得进去。那个沙发恐怕搬不进去。

5. A：下午四点你回得来吗？
   B：要是堵车，我就回不来。要是不堵车，我就回得来。

6. A：这条路我们能过去吗？
   B：警察把路挡住了，汽车开不过去，自行车也骑不过去。

7. A：早晨五点钟、六点钟你起得来吗？
   B：五点钟太早了，我肯定起不来。六点钟也太早，我恐怕也起不来。

8. A：这两件行李你举得起来吗？
   B：这件行李不算重，我举得起来。那件行李也不算重，我也举得起来。

9. A：这么苦的药有效果吗？
   B：听说，药越苦，效果越好。药越甜，效果越不好。

10. A：街上人太多了。
    B：人越多，街上越热闹，商店的老板们越高兴。

五、复述课文

张文在河边散步，前边有一条沟挡住了路。沟不太宽，说不定跳得过去。但是他没有跳。他想，要是跳不过去呢？恐怕就要掉下去了，那可就太糟糕了。

六、阅读课文

拆得下来可是装不上去

小张喜欢拆东西，手表、计算机等等各种机器他都想拆开来看看。他虽然拆得下来，可是装不上去，所以损坏了不少东西。那些东西本来都是好好儿的，全让他弄坏了，很可惜。这么多零件拆下来容易，装上去可就难了。装零件是个技术活儿，必须有经验，一般都要经过专门的学习才行。每一个零件都有它的用处，少装一个都不行。

有一次小张觉得他的摩托车有毛病，又拆下来很多零件检查。可是检查来检查去也检查不出毛病来。其实他的摩托车本来没有毛病，让他拆下来那么多零件以后，真的有毛病了。这一次他又装不上去了。花了很长时间，最后好容易才装上了轮子，可是地上还剩下一大堆零件。他不明白，怎么会多出来这么多零件？他也不明白，这些零件有什么用？这么多零件没有装上去，摩托车肯定不能开了。最后他只好把剩下的零件都包起来，推车到车铺去修。

碰巧车铺的老师傅正忙着呢，没有时间，就派了一个徒弟给他修。那个徒弟问他："你的车怎么了？"

小张说："我想自己修车，可是修不好，零件装不上去了。"

那个徒弟说："拆下来的零件呢？"

小张说："都在这儿包着呢！"

那个徒弟一看就说："你没有学过修车，不要乱拆零件。拆下来那么多零件，你当然装不上去。我告诉你吧，我学了一年了，我也装不上去，只好等师傅来了，不知道他什么时候能过来。"

小张心里想："我真是自己给自己找麻烦，以后可不能乱拆零件了。"

根据课文回答下列问题

1. 小张喜欢拆什么？

2. 他为什么损坏了不少东西?
3. 他把零件拆下来干什么?
4. 小张有装零件的技术和经验吗?
5. 小张拆下零件以前,他的摩托车坏了吗?
6. 他为什么把车推到车铺去?
7. 什么零件他装上去了?
8. 没装上去的零件怎么办?
9. 老师傅给他修车了吗?
10. 徒弟为什么不给他修车?

七、语法

1 可能补语(2)　Complement of probability (2)

在动词和趋向补语之间加结构助词"得",也可以构成可能补语,这种可能补语表示动作或行为能够实现某种趋向。例如:

Adding "得" between a verb and its complement of direction can also make the complement of probability to show certain direction of the action, e.g.

(1) 今天晚上你回得来吗?(能够回来吗?)
(2) 汽车开得过去吗?(能够开过去吗?)
(3) 山这么高,只有少数人爬得上去。(能够爬上去)
(4) 八点? 没问题,我回得来。(能够回来)

否定形式也是用"不"代替"得"。例如:
In the negative form "不" is used instead of "得", e.g.

(5) 今天晚上他回不来。
(6) 前边修路,汽车开不过去。
(7) 山这么高,多数人爬不上去。
(8) 门锁住了,东西拿不出来。

正反疑问式是:
Its affirmative-negative question form is:

(9) 今天晚上你回得来回不来?
(10) 汽车开得过去开不过去?
(11) 早上五点,你起得来起不来?

169

2 越 A 越 B   the more A, the more B

这个格式表示在程度上 B 随 A 的增加而增加。
It indicates the degree of B is increasing with the growing degree of A.

1. A 和 B 主语相同。例如：
A and B have the same subject, e. g.

（1）我越看越喜欢。
（2）老张越老越糊涂。
（3）他越着急越说不明白。

2. A 和 B 的主语不相同。例如：
A and B have different subjects, e. g.

（4）大家越劝他休息，他越不休息。
（5）他越解释，我越生气。
（6）他说话的声音越大，我们越听不清楚。

第 50 课

本课重点

1. 那个礼堂坐得下一千人。
2. 这间客厅放不下两个沙发。
3. 行李这么重，我拿不动。
4. 这么多活儿，我一个人干不了。
5. 我病了，参加不了考试。

一、生词

1.	了	（动）	liǎo	(used in conjunction with 得，不，or after a verb) can
2.	动	（动）	dòng	to move
3.	客厅	（名）	kètīng	sitting room
4.	老式	（名）	lǎoshì	old-fashioned
5.	过时		guò shí	outdated
6.	占	（动）	zhàn	to take up/occupy (some space)
7.	伸	（动）	shēn	to stretch
8.	空	（形）	kōng	empty
9.	连	（动）	lián	to link
10.	礼堂	（名）	lǐtáng	auditorium
11.	广场	（名）	guǎngchǎng	square
12.	距离	（名、介）	jùlí	distance
13.	剪刀	（名）	jiǎndāo	scissors
14.	剪	（动）	jiǎn	to cut (with scissors)
15.	理解	（动、名）	lǐjiě	to understand, comprehend

171

16. 恢复	（动）	huīfù	to restore, recover
17. 闹钟	（名）	nàozhōng	alarm clock
18. 根本	（形、名）	gēnběn	(not) at all; fundamental
19. 受不了		shòu bu liǎo	cannot stand/tolerate
20. 管	（动）	guǎn	to manage, run, control, take care of
21. 力气	（名）	lìqi	physical strength, effort
22. 它	（代）	tā	it
23. 差	（形）	chà	bad, poor
24. 有的是		yǒu de shì	to have plenty of
25. 卧室	（名）	wòshì	bedroom
26. 主人	（名）	zhǔrén	owner, host, master
27. 卫生间	（名）	wèishēngjiān	toilet
28. 阳台	（名）	yángtái	balcony
29. 洗衣机	（名）	xǐyījī	washing machine
30. 商量	（动）	shāngliang	to talk over, consult
31. 醒	（动）	xǐng	to wake up, be awake

二、生词练习

1. 了

    这么多菜我吃不了｜这么多啤酒我喝不了｜他病了，今天来不了｜这个活儿他干不了｜花不了两天时间｜我没有时间，去不了

2. 动

    你坐着，不要动｜他的腿不能动了｜谁动了我的东西｜我走不动了｜箱子太重，他搬不动｜行李太大，我拿不动

3. 客厅

    他坐在客厅里｜客厅里放着两张沙发

4. 老式

    老式的汽车｜老式的房子｜老式家具｜新式家具

Lesson 50

5. 过时
    样子过时了｜过时的汽车｜过时的消息｜这个样子不算过时
6. 占
    这张桌子占了很大的地方｜女同学占了一半｜他占了两个坐位
7. 伸
    他伸手去拿｜他把头伸出窗外｜坐位太小，伸不开腿
8. 空
    一个空房间｜里面是空的｜空箱子｜空车开回去了｜他空手回来了
9. 连
    两张桌子连在一起｜两座房子连在一起｜两条路相连
10. 礼堂
    他们在礼堂开会｜大礼堂｜小礼堂｜礼堂也可以放电影
11. 广场
    天安门广场｜城市中心的广场｜在广场上散步
12. 距离
    两个地方距离很远｜距离这儿一公里｜西安距离北京多远
13. 剪刀
    买一把剪刀｜用剪刀剪开
14. 剪
    把纸从中间剪开｜纸太厚，剪不动｜在旁边剪了一刀
15. 理解
    他的话你能理解吗｜听力理解｜阅读理解
16. 恢复
    他恢复了健康｜情况恢复了正常｜事故以后交通恢复了｜需要多长时间才能恢复
17. 闹钟
    闹钟响了｜没有闹钟我醒不了｜需要一个闹钟
18. 根本
    我根本不知道｜阿里根本没来｜这是问题的根本

173

19. 受不了
    天气太热受不了｜受不了那么差的环境｜那么乱真受不了
20. 管
    母亲管孩子｜这件事没有人管｜交通警察管交通｜我管不了那么多
21. 力气
    阿里力气很大｜花了很大的力气才做完｜我累了，没有力气了
22. 它
    小张有一只小狗，它两岁｜桌子上有一堆废纸，把它扔了
23. 差
    他们的服务态度很差｜空气质量很差｜他的身体很差
24. 有的是
    他们有的是钱｜房子有的是｜我不忙，有的是时间
25. 卧室
    这是他的卧室｜这套房子有三个卧室｜卧室的门开着
26. 主人
    房子的主人｜他是这只狗的主人｜主人请客人们喝茶
27. 卫生间
    卫生间在左边｜打扫卫生间
28. 阳台
    他站在阳台上｜阳台上放着很多花儿
29. 洗衣机
    洗衣机正洗着衣服｜公用洗衣机｜打开洗衣机
30. 商量
    我要跟大家商量商量｜他没有跟我商量｜我们商量过了
31. 醒
    他还睡着，没有醒｜七点他醒了｜闹钟把他闹醒了

Lesson 50

三、句型与对话

句型 1   Sentence Pattern 1

那个礼堂坐得下一千人。
    那个剧场　　坐　　五百人
    这个教室　　坐　　二十个人
    这个广场　　停　　五十辆车
    我　　　　　吃　　一个面包

对话　Dialogue
A：那个礼堂坐得下多少人？
B：那个礼堂坐得下一千人。

句型 2   Sentence Pattern 2

这间客厅放不下两个沙发。
    这间卧室　　放　　两张床
    这个楼　　　住　　这么多人
    卫生间　　　放　　洗衣机
    阳台　　　　放　　四把椅子

对话　Dialogue
A：这间客厅放得下两个沙发吗？
B：这间客厅放不下两个沙发。

句型 3   Sentence Pattern 3

行李这么重，我拿不动。
    距离那么远　　　　跑
    书柜那么大　　　　搬
    太累了　　　　　　走
    这把剪刀太小　　　剪

对话　Dialogue
A：你拿得动吗？
B：行李这么重，我拿不动。

句型 4   Sentence Pattern 4

这么多活儿，我一个人干不了。
    东西　　　　拿
    菜　　　　　吃
    事儿　　　　管
    衣服　　　　洗

对话　Dialogue
A：这些活儿你干得了吗？
B：这么多活儿，我一个人干不了。

句型 5　Sentence Pattern 5

我病了，参加不了考试。

我感冒	上	课
钥匙丢	开	门
没有刀子	切	菜
洗衣机坏	洗	衣服

对话　Dialogue

A：你能参加考试吗？
B：我病了，参加不了考试。

句型 6　Sentence Pattern 6

买一把剪刀花不了多少钱。

去一趟商店	用	时间
搬一个箱子	花	力气
放一张桌子	占	地方

对话　Dialogue

A：买一把剪刀要花多少钱？
B：买一把剪刀花不了多少钱。

句型 7　Sentence Pattern 7

这本书很难，我根本理解不了。

三天时间	他	恢复
天气那么热	我	受
没有闹钟	我	醒

对话　Dialogue

A：这本书你理解得了吗？
B：这本书很难，我根本理解不了。

四、复练

1. 可能补语强化练习

    例：老师：　吃得下
    　　学生甲：吃得下吃不下？
    　　学生乙：吃不下。

    | 搬得动 | 来得了 | 放得下 | 推得动 | 去得了 |
    | 坐得下 | 剪得动 | 拿得了 | 写得下 | 干得了 |
    | 停得下 | 走得动 | 花得了 | 住得下 | 理解得了 |
    | 恢复得了 | 受得了 | 管得了 | | |

2. A：书包里放得下大衣吗？旅行袋里放得下大衣吗？
   B：书包里放不下大衣，旅行袋里也放不下大衣。大衣得放在箱子里。

3. A：今天的作业一张纸写得下吗？
   B：一张纸写不下，两张纸也写不下，得用三张纸。

4. A：你们怎么走得越来越慢了。
   B：我走不动了，他也走不动了。我们休息一会儿吧。

5. A：这些行李你拿得动吗？
   B：箱子太重我拿不动，旅行袋不算太重，我拿得动。

6. A：我们骑车去郊区玩儿好吗？
   B：距离太远，我骑不动。除了我以外，夏子也骑不动。

7. A：阿里和马丁今天来得了吗？
   B：阿里病了，今天来不了。马丁今天有事，也来不了。

8. A：早晨6点你们醒得了吗？
   B：没有闹钟我根本醒不了，没有闹钟他也醒不了。

9. A：这件事你们管得了管不了？
   B：这件事我管不了，他也管不了，得找老板。

10. A：我们多带一些面包，多带一些水。
    B：不用带那么多。我们根本吃不了那么多，我们根本喝不了那么多。

11. A：去那儿坐车用得了20分钟吗？骑车用得了半个小时吗？
    B：距离不太远，坐车用不了20分钟，骑车用不了半个小时。

五、复述课文

在城市里人们特别不喜欢大雪大雾的天气。那样的天气汽车开不了，飞机也飞不了。工人上不了班，学生上不了学，商店开不了门。坏天气给人们带来很多麻烦。

六、阅读课文

怪不得搬不动

阿明原来的住房太小,他很不满意,而且房子周围太乱,环境太差,叫人受不了,所以他决定搬家。在这个城市,价钱贵的房子有的是,但是合适的房子很难找。他找了一个月,好不容易才找到了一套房子,他还比较满意。

但是那套房子的客厅里原来就放着一个大书柜。这个书柜太老式、太过时,样子很难看,而且占的地方太大。要是不搬走这个书柜,就放不下别的家具,必须搬走它才放得下两张沙发。

阿明伸手去推书柜,可是一点儿也推不动。他走到另一边,用两只手拉,也拉不动。他心里想,这个书柜太重了,一个人搬不动。他找来一个朋友帮忙,两个人抬,用了很大的力气,还是一点儿也抬不动。这时候又来了几个人帮忙,很多人一起搬,还是搬不动。奇怪,书柜是空的,怎么会这么重?他打开书柜的门,上上下下地仔细检查,这才发现书柜是跟墙连在一起的,怪不得那么多人都搬不动。

有一个朋友出了一个主意,他说应该把书柜拆掉,然后把墙修一下儿,重新刷一刷。阿明心里想,这不是我的房子,书柜也不是我的,要这么做恐怕得跟房子的主人去商量。

商量的结果是,房子的主人同意拆掉书柜,但是他不愿意花修墙刷墙的钱。阿明想,修墙刷墙花不了多少钱,所以他就把这个书柜拆了。

根据课文回答下列问题

1. 阿明搬家有几个原因?
2. 什么房子好找?什么房子不好找?
3. 阿明为什么要搬走这个书柜?
4. 阿明想在客厅放什么?
5. 他伸手去推书柜,结果怎么样?

6. 两个人抬，结果怎么样？
7. 很多人一起搬呢？
8. 为什么搬不动？
9. 这套房子是阿明买的还是租的？
10. 如果要拆掉书柜，应该怎么办？
11. 最后书柜还在老地方吗？
12. 修墙、刷墙谁花的钱？

七、语法

可能补语(3)　　Complement of probability(3)

"下""了(liǎo)""动"做可能补语。

"下"，"了(liǎo)" and "动" can be used as the complement of probability.

1. 动词"下"做可能补语，通常表示有足够的空间来容纳。例如：

"下" as a complement of probability usually indicates there is enough space to contain something, e.g.

(1) 这个箱子放得下两件大衣。（能放下）
(2) 那个礼堂坐得下八百人。（能坐下）
(3) 汽车里挤不下六个人。（不能坐下）
(4) 这么多东西我吃不下。（不能吃下）

2. 动词"了(liǎo)"很少做结果补语，也很少做谓语，但常做可能补语，表示某个动作行为有可能进行。例如：

"了(liǎo)", which seldom serves as a complement of result or the predicate, is often used as a complement of probability to indicate the possibility of taking an action, e.g.

(5) A：这么多书你拿得了吗？
　　B：没问题，拿得了。（能拿）
(6) 阿里病了，今天上不了课。（不能上课）
(7) 他今天有事来不了了。（不能来）

"动词+得+了"有时也表示"完"的意思。例如：

The structure "verb + 得 + 了" sometimes implies the meaning of "completion", e.g.

(8) 我喝不了那么多酒。(喝不完那么多酒)

(9) 用不了两个小时。(不需要两个小时)

注意："拿不了""喝不了"跟"不能拿""不能喝"的意思不同。
"拿不了""喝不了"是指能力不够或者不需要。
"不能拿""不能喝"是指不允许。例如：
Note:"拿不了" and "喝不了" are different from "不能拿" and "不能喝" in meaning. "拿不了" or "喝不了" mean unable or unnecessary to carry or drink; while "不能拿" or "不能喝", not allowed to carry or drink, e.g.

(10) 这是我的书，你不能拿。(不可以用"拿不了")

(11) 他心脏不好不能喝酒。(不可以用"喝不了")

"动词(或形容词)+不+了"还可以表示"不可能""不会"的意思，例如：
The structure "verb（or adjective）+不+了" may also imply the meaning of "impossible" or "cannot", e.g.

(12) 你放心，我忘不了。(我不会忘)

(13) 我看见的，就是他，错不了。(不会错)

(14) 我认为这种家具便宜不了。(不可能便宜)

(15) 这么便宜的东西肯定好不了。(质量不可能好)

3. 动词"动"做可能补语，表示有力量进行某一动作，这些动作常常是可以使人或物体移动位置的。例如：
The verb "动" as a complement of probability indicates the capability to take an action, through which the position of the person or thing may be changed, e.g.

(16) 我自己拿吧，我拿得动。

(17) 跑了一会儿，他就跑不动了。

(18) 有的鸟飞不动了，就掉了下来。

附录

生词表

Vocabulary

A

| 挨（冻） | （动） | ái(dòng) | 45 | 安静 | （形） | ānjìng | 43 |
| 矮 | （形） | ǎi | 39 | 案 | （名） | àn | 42 |

B

巴（士）	（名）	bā(shì)	41	背部	（名）	bèibù	35
把	（介）	bǎ	37	被子	（名）	bèizi	44
白云		bái yún	48	本来	（形）	běnlái	49
摆	（动）	bǎi	44	笨	（形）	bèn	48
办法	（名）	bànfǎ	46	比如	（动）	bǐrú	45
半天	（名）	bàntiān	38	变	（动）	biàn	41
棒	（形）	bàng	47	变化	（名、动）	biànhuà	40
傍晚	（名）	bàngwǎn	44	表演	（动）	biǎoyǎn	39
包	（动）	bāo	49	别	（副）	bié	47
报	（动）	bào	42	别……了		bié……le	47
抱	（动）	bào	44	玻璃	（名）	bōli	48
抱怨	（动）	bàoyuàn	40	脖子	（名）	bózi	35
杯	（量）	bēi	37	播	（动）	bō	43
杯子	（名）	bēizi	37	薄	（形）	báo	45
北方	（名）	běifāng	45	不过	（连）	búguò	45
背	（名）	bèi	35	不好意思		bù hǎo yìsi	40
背包	（名）	bèibāo	36	不客气		bú kèqi	44

181

不少	（形）	bùshǎo	49
不是……而是……		bú shì……ér shì……	47
不是……就是……		bú shì……jiù shì……	40

不算……		bú suàn	49
不一定		bù yídìng	37
部	（名）	bù	35

C

擦掉		cā diào	37
猜	（动）	cāi	41
菜谱	（名）	càipǔ	37
餐车	（名）	cānchē	43
餐具	（名）	cānjù	38
草	（名）	cǎo	41
茶叶	（名）	cháyè	36
查	（动）	chá	39
差	（形）	chà	50
拆	（动）	chāi	49
产品	（名）	chǎnpǐn	46
厂	（名）	chǎng	47
潮湿	（形）	cháoshī	45
炒	（动）	chǎo	37
车铺	（名）	chēpù	49
车厢	（名）	chēxiāng	43
尘土	（名）	chéntǔ	38
盛	（动）	chéng	37
闯	（动）	chuǎng	41
闯红灯		chuǎng hóngdēng	41

成功	（形、动）	chénggōng	48
初	（名）	chū	42
出差		chū chāi	44
出口	（动）	chūkǒu	46
出院		chū yuàn	44
除了……以外		chúle……yǐwài	43
穿	（动）	chuān	38
传真	（名）	chuánzhēn	46
窗帘儿	（名）	chuāngliánr	41
窗台	（名）	chuāngtái	38
辞退	（动）	cítuì	47
辞职		cí zhí	44
从前	（名）	cóngqián	48
聪明	（形）	cōngming	48
村	（名）	cūn	44
错过	（动）	cuòguò	37
错误	（名）	cuòwù	40

D

| 答应 | （动） | dāying | 42 |
| 打工 | | dǎ gōng | 42 |

| 打碎 | | dǎ suì | 37 |
| 打听 | （动） | dǎting | 41 |

打招呼		dǎ zhāohu	44	底下	（名）	dǐxia	42
大人	（名）	dàrén	39	递	（动）	dì	36
大约	（副）	dàyuē	46	电灯	（名）	diàndēng	38
呆	（动）	dāi	42	电脑	（名）	diànnǎo	36
带	（动）	dài	47	电视剧	（名）	diànshìjù	48
带徒弟		dài túdì	47	掉	（动）	diào	37
带研究生		dài yánjiūshēng	47	掉	（动）	diào	36
戴	（动）	dài	40	丁字路口		dīngzì lùkǒu	41
担心		dān xīn	38				
淡	（形）	dàn	37	顶多	（副）	dǐngduō	45
挡	（动）	dǎng	49	丢三落四		diū sān là sì	42
导游	（名）	dǎoyóu	42				
倒	（动）	dào	37	东方	（名）	dōngfāng	45
倒掉		dào diào	37	东南方	（名）	dōngnánfāng	45
倒霉		dǎo méi	41				
到处	（名）	dàochù	38	动	（动）	dòng	50
道歉		dào qiàn	46	冻	（动）	dòng	45
得到	（动）	dédào	42	洞	（名）	dòng	48
灯	（名）	dēng	38	端	（动）	duān	37
等	（助）	děng	49	堆	（量、动）	duī	38
低	（形）	dī	45	多云		duō yún	48
底	（名）	dǐ	42				

E

儿童车	（名）	értóngchē	44	耳朵	（名）	ěrduo	35
儿童	（名）	értóng	44	耳机	（名）	ěrjī	48
而且	（连）	érqiě	45				

F

| 发 | （动） | fā | 46 | 发炎 | | fā yán | 35 |
| 发脾气 | | fā píqi | 47 | 罚 | （动） | fá | 41 |

183

反	(形)	fǎn	37
犯(错误)	(动)	fàn(cuòwù)	47
方言	(名)	fāngyán	40
放掉		fàng diào	37
飞	(动)	fēi	36
肺	(名)	fèi	35
肺炎	(名)	fèiyán	35
废	(形)	fèi	38
废水	(名)	fèishuǐ	38
废物	(名)	fèiwù	38
废纸	(名)	fèizhǐ	38
风景	(名)	fēngjǐng	49
服务	(名、动)	fúwù	49
服装	(名)	fúzhuāng	40
服装店	(名)	fúzhuāngdiàn	40
付	(动)	fù	42
妇女	(名)	fùnǚ	44
复述	(动)	fùshù	39
副	(量)	fù	48

G

盖	(动)	gài	44
盖儿	(名)	gàir	44
干	(形)	gān	35
肝	(名)	gān	35
肝炎	(名)	gānyán	35
敢	(动)	gǎn	47
感到	(动)	gǎndào	46
感谢	(动)	gǎnxiè	44
高	(形)	gāo	39
告别	(动)	gàobié	43
隔壁	(名)	gébì	44
个子	(名)	gèzi	39
根本	(形、名)	gēnběn	50
根	(量)	gēn	48
工具	(名)	gōngjù	38
公用	(动)	gōngyòng	36
供应	(动)	gōngyìng	43
沟	(名)	gōu	49
狗	(名)	gǒu	36
故事	(名)	gùshi	43
顾客	(名)	gùkè	47
怪不得	(副)	guàibude	44
关系	(名)	guānxi	47
管	(动)	guǎn	50
广播	(动、名)	guǎngbō	43
广场	(名)	guǎngchǎng 50
广州		Guǎngzhōu 40
规定	(名、动)	guīdìng	46
棍子	(名)	gùnzi	48
锅	(名)	guō	37
国际	(名)	guójì	42
过	(动)	guò	40
过时		guò shí	50

H

还好		hái hǎo	38
孩子	（名）	háizi	39
海	（名）	hǎi	46
害怕	（动、形）	hàipà	45
好几		hǎo jǐ	47
合	（动）	hé	41
河水	（名）	héshuǐ	36
红灯	（名）	hóngdēng	41
红绿灯	（名）	hónglǜdēng	41
后悔	（动、形）	hòuhuǐ	45
后来	（名）	hòulái	37
后	（名）	hòu	42
后年	（名）	hòunián	42
后天	（名）	hòutiān	42
厚	（形）	hòu	45
忽然	（副）	hūrán	38
狐狸	（名）	húli	36
花	（动）	huā	45
还掉		huán diào	37
灰尘	（名）	huīchén	38
灰	（名、形）	huī	38
恢复	（动）	huīfù	50
回升	（动）	huíshēng	45
活儿	（名）	huór	43
火	（名）	huǒ	37

J

机器	（名）	jīqì	47
鸡	（名）	jī	36
挤	（形、动）	jǐ	43
技术	（名）	jìshù	47
技术员	（名）	jìshùyuán	47
加拿大		Jiānádà	42
家具	（名）	jiājù	39
价格	（名）	jiàgé	46
捡	（动）	jiǎn	36
剪	（动）	jiǎn	50
剪刀	（名）	jiǎndāo	50
减少	（动）	jiǎnshǎo	45
健康	（形）	jiànkāng	45
讲	（动）	jiǎng	43
降	（动）	jiàng	45
降落	（动）	jiàngluò	45
降温		jiàng wēn	45
降下来		jiàng xialai	45
骄傲	（形）	jiāo'ào	48
胶水	（名）	jiāoshuǐ	49
脚	（名）	jiǎo	35
叫	（动）	jiào	39
教授	（名）	jiàoshòu	38
接电话		jiē diànhuà	39
接	（动）	jiē	39
接人		jiē rén	39
节目	（名）	jiémù	39

185

节日	（名）	jiérì	43		警察	（名）	jǐngchá	41
解释	（动）	jiěshì	39		警车	（名）	jǐngchē	44
紧	（形）	jǐn	40		举	（动）	jǔ	49
进口	（动）	jìnkǒu	46		句	（量、名）	jù	39
近视	（名）	jìnshi	35		句子	（名）	jùzi	39
经济	（名）	jīngjì	47		距离	（名、介）	jùlí	50
经验	（名）	jīngyàn	40					

K

卡车	（名）	kǎchē	42		空	（形）	kōng	50
开会		kāi huì	43		空调	（名）	kōngtiáo	37
看法	（名）	kànfǎ	39		空气	（名）	kōngqì	43
棵	（量）	kē	41		空中	（名）	kōngzhōng	46
可	（副）	kě	49					
可惜	（形）	kěxī	40		恐怕	（副）	kǒngpà	49
客	（名）	kè	43		口袋	（名）	kǒudai	36
客气	（形、动）	kèqi	44		哭	（动）	kū	47
客人	（名）	kèrén	39		苦	（形）	kǔ	49
客厅	（名）	kètīng	50		宽	（形）	kuān	49
课本	（名）	kèběn	41		款	（名）	kuǎn	42
肯定	（副、动）	kěndìng	49					

L

拉	（动）	lā	36		老头儿	（名）	lǎotóur	44
垃圾	（名）	lājī	38		礼堂	（名）	lǐtáng	50
垃圾桶	（名）	lājītǒng	38		理	（动）	lǐ	38
老板娘	（名）	lǎobǎnniáng	47		理解	（动、名）	lǐjiě	50
					力气	（名）	lìqi	50
老年(人)	（名）	lǎonián(rén)	43		立交桥	（名）	lìjiāoqiáo	36
					立刻	（副）	lìkè	44
老式	（名）	lǎoshì	50		例如	（动）	lìrú	41

俩	（代）	liǎ	36
连	（动）	lián	50
帘儿	（名）	liánr	41
联系	（名、动）	liánxì	40
脸	（名）	liǎn	35
了	（动）	liǎo	50
列车员	（名）	lièchēyuán	43
邻居	（名）	línjū	44
淋	（动）	lín	35
铃	（名）	líng	43
零件	（名）	língjiàn	47
零食	（名）	língshí	37
零下		líng xià	45
领	（动）	lǐng	39
领子	（名）	lǐngzi	40
留	（动）	liú	41
流	（动）	liú	36
路灯	（名）	lùdēng	38
路过	（动）	lùguò	39
路口	（名）	lùkǒu	41
旅客	（名）	lǔkè	43
旅行袋	（名）	lǔxíngdài	39
旅行团	（名）	lǔxíngtuán	42
旅游鞋	（名）	lǔyóuxié	44
绿灯	（名）	lǜdēng	41
乱七八糟		luàn qī bā zāo	38
乱	（形）	luàn	38
轮子	（名）	lúnzi	49

M

马克		Mǎkè	46
马路	（名）	mǎlù	36
满	（形）	mǎn	48
猫	（名）	māo	44
毛病	（名）	máobìng	40
贸易	（名）	màoyì	42
帽子	（名）	màozi	41
美	（形）	měi	47
美丽	（形）	měilì	47
美元	（名）	měiyuán	37
门帘儿	（名）	ménliánr	41
谜语	（名）	míyǔ	48
明白	（动、形）	míngbai	40
摩托车	（名）	mótuōchē	49
陌生	（形）	mòshēng	40

N

男孩子		nán háizi	39
南方	（名）	nánfāng	45
难受	（形）	nánshòu	47
闹钟	（名）	nàozhōng	50
内地	（名）	nèidì	42
年龄	（名）	niánlíng	49
年轻	（形）	niánqīng	41
年轻人	（名）	niánqīngrén	41
鸟	（名）	niǎo	44

| 弄 | （动） | nòng | 48 | 暖气 | （名） | nuǎnqì | 45 |
| 女孩子 | | nǚ háizi | 39 | | | | |

P

怕	（动、形）	pà	45	皮	（名）	pí	35
拍	（动）	pāi	36	皮肤	（名）	pífū	35
牌子	（名）	páizi	37	皮鞋	（名）	píxié	36
派	（动）	pài	49	脾气	（名）	píqi	47
盘	（量）	pán	37	篇	（量）	piān	40
盘子	（名）	pánzi	37	普通	（形）	pǔtōng	40
碰	（动）	pèng	41	普通话	（名）	pǔtōnghuà	40
碰巧	（副）	pèngqiǎo	49				

Q

期间	（名）	qījiān	46	切碎		qiē suì	37
棋	（名）	qí	43	亲爱的		qīn'ài de	35
气温	（名）	qìwēn	45	亲戚	（名）	qīnqi	47
起	（量）	qǐ	44	勤快	（形）	qínkuài	47
谦虚	（形）	qiānxū	48	青年（人）	（名）	qīngnián(rén)	43
前	（名）	qián	42	清	（形）	qīng	48
前后	（名）	qiánhòu	35	全部	（名）	quánbù	38
前年	（名）	qiánnián	42	全	（形）	quán	35
前天	（名）	qiántiān	42	劝	（动）	quàn	47
钱包	（名）	qiánbāo	36	确实	（形）	quèshí	45
桥	（名）	qiáo	36				
切	（动）	qiē	37				

R

| 让 | （动） | ràng | 39 | 人员 | （名） | rényuán | 39 |
| 热闹 | （形） | rènao | 49 | 扔 | （动） | rēng | 38 |

仍然	（副）	réngrán	36
日期	（名）	rìqī	46
日子	（名）	rìzi	40

软	（形）	ruǎn	46
软件	（名）	ruǎnjiàn	46

S

伞	（名）	sǎn	35
沙发	（名）	shāfā	44
傻	（形）	shǎ	48
傻瓜	（名）	shǎguā	48
山顶	（名）	shāndǐng	46
山脚下		shānjiǎo xià	46
山区	（名）	shānqū	42
商量	（动）	shāngliang	50
上升	（动）	shàngshēng	45
上网		shàng wǎng	42
伸	（动）	shēn	50
身材	（名）	shēncái	39
升	（动）	shēng	45
圣诞节	（名）	Shèngdàn Jié	42
省	（动）	shěng	44
剩下		shèng xià	37
失败	（名、动）	shībài	48
失去	（动）	shīqù	46
师傅	（名）	shīfu	47
湿	（形）	shī	35
十字路口		shízì lùkǒu	41
使用	（动）	shǐyòng	41
市民	（名）	shìmín	46

事故	（名）	shìgù	42
适合	（动）	shìhé	39
收获	（名）	shōuhuò	40
手	（名）	shǒu	35
手表	（名）	shǒubiǎo	49
手机	（名）	shǒujī	42
手套	（名）	shǒutào	41
手提包	（名）	shǒutíbāo	36
首	（量）	shǒu	40
受不了		shòu bu liǎo	50
瘦	（形）	shòu	39
书房	（名）	shūfáng	38
熟	（形）	shú	47
熟	（形）	shú/shóu	37
熟人	（名）	shúrén	47
熟悉	（动）	shúxī	40
束	（量）	shù	36
树林	（名）	shùlín	46
树叶	（名）	shùyè	36
数	（动）	shǔ	48
数量	（名）	shùliàng	46
刷	（动）	shuā	35
水	（名）	shuǐ	36
水平	（名）	shuǐpíng	43
水温		shuǐ wēn	45
说不定	（副）	shuōbudìng	38

189

说明	（动）	shuōmíng	46	算	（动）	suàn	42
说明书	（名）	shuōmíngshū 46	随手	（副）	suíshǒu	41
				碎	（形）	suì	37
死	（动）	sǐ	44	损坏	（动）	sǔnhuài	49
送行	（动）	sòngxíng	43	锁	（名、动）	suǒ	41

T

它	（代）	tā	50	天上	（名）	tiānshàng	48
台	（量）	tái	36	挑	（动）	tiāo	39
台灯	（名）	táidēng	38	跳	（动）	tiào	49
抬	（动）	tái	36	跳舞		tiào wǔ	39
抬(头)	（动）	tái(tóu)	48	亭(子)	（名）	tíng(zi)	36
太……了		tài……le	47	同	（形）	tóng	45
太太	（名）	tàitai	35	桶	（名）	tǒng	38
太阳	（名）	tàiyang	48	痛	（形）	tòng	40
态度	（名）	tàidu	49	偷	（动）	tōu	42
毯子	（名）	tǎnzi	44	偷懒		tōu lǎn	47
汤	（名）	tāng	37	徒弟	（名）	túdì	47
躺	（动）	tǎng	44	土	（名）	tǔ	38
趟	（量）	tàng	46	土地	（名）	tǔdì	38
讨论	（动）	tǎolùn	43	……团		……tuán	42
提	（动）	tí	36	推	（动）	tuī	36
提高	（动）	tígāo	43	腿	（名）	tuǐ	35
体温	（名）	tǐwēn	45	退	（动）	tuì	36
替	（介、动）	tì	46	脱	（动）	tuō	38
天空	（名）	tiānkōng	48				

W

外地	（名）	wàidì	42	网	（名）	wǎng	42
完全	（形）	wánquán	45	网上		wǎng shang 42
碗	（名）	wǎn	37				

往	（介）	wǎng	46
为	（介）	wèi	46
为了	（介、动）	wèile	41
围巾	（名）	wéijīn	41
卫生间	（名）	wèishēngjiān	50
位置	（名）	wèizhi	48
胃	（名）	wèi	35
胃炎	（名）	wèiyán	35
温度	（名）	wēndù	45
温	（形、名）	wēn	45
文具	（名）	wénjù	38
文章	（名）	wénzhāng	40
卧室	（名）	wòshì	50
雾	（名）	wù	48

X

西方	（名）	xīfāng	45
西服	（名）	xīfú	44
西装	（名）	xīzhuāng	44
希望	（动、名）	xīwàng	40
洗衣机	（名）	xǐyījī	50
下降	（动）	xiàjiàng	45
下棋		xià qí	43
鲜花	（名）	xiānhuā	36
咸	（形）	xián	37
相差	（动）	xiāngchà	45
相反	（形）	xiāngfǎn	45
响	（动）	xiǎng	43
想家		xiǎng jiā	40
向	（介）	xiàng	46
像	（动）	xiàng	40
小伙子	（名）	xiǎohuǒzi	35
小偷	（名）	xiǎotōu	42
小心	（形、动）	xiǎoxīn	42
心	（名）	xīn	35
心里	（名）	xīnli	46
心脏	（名）	xīnzàng	35
新闻	（名）	xīnwén	43
新鲜	（形）	xīnxiān	43
星星	（名）	xīngxing	48
行人	（名）	xíngrén	39
醒	（动）	xǐng	50
胸	（名）	xiōng	35
胸部	（名）	xiōngbù	35
修	（动）	xiū	47
修理	（动）	xiūlǐ	47
修理厂	（名）	xiūlǐchǎng	47
修理工	（名）	xiūlǐgōng	47
袖子	（名）	xiùzi	40
需要	（动）	xūyào	45
宣传	（动）	xuānchuán	46
学生证	（名）	xuéshēngzhèng	36

Y

呀	（语气）	ya	38
牙	（名）	yá	35
牙齿	（名）	yáchǐ	35
烟	（名）	yān	38
烟灰	（名）	yānhuī	38
烟头	（名）	yāntóu	38
炎	（名）	yán	35
盐	（名）	yán	37
沿海	（名）	yánhǎi	42
眼睛	（名）	yǎnjing	35
眼镜	（名）	yǎnjìng	40
演员	（名）	yǎnyuán	39
阳台	（名）	yángtái	50
样	（量）	yàng	37
样品	（名）	yàngpǐn	46
邀请	（动）	yāoqǐng	42
叶	（名）	yè	36
一……也/都（不/没）……		yī……yě/dōu(bù/méi)……	40
一样一样		yíyàng yíyàng	37
一般	（形）	yìbān	45
一边……一边……		yìbiān……yìbiān……	37
以为	（动）	yǐwéi	48
意思	（名）	yìsi	41
因此	（连）	yīncǐ	35
营养	（名）	yíngyǎng	49
硬件	（名）	yìngjiàn	46
硬	（形）	yìng	46
永远	（副）	yǒngyuǎn	41
用不着		yòng bu zháo	45
油	（名）	yóu	37
游客	（名）	yóukè	47
有的是		yǒu de shì	50
有一点儿		yǒu yìdiǎnr	40
鱼	（名）	yú	37
雨伞	（名）	yǔsǎn	35
雨水	（名）	yǔshuǐ	36
预报	（动、名）	yùbào	43
预订	（动）	yùdìng	46
原来	（形、副）	yuánlái	44
院	（名）	yuàn	44
院子	（名）	yuànzi	44
愿意	（能动、动）	yuànyì	36
月亮	（名）	yuèliang	48
云	（名）	yún	48

Z

杂志	（名）	zázhì	39
再	（副）	zài	35
在	（副）	zài	43
造	（动）	zào	39

生词表

造句		zào jù	39
增加	(动)	zēngjiā	45
摘	(动)	zhāi	41
窄	(形)	zhǎi	40
占	(动)	zhàn	50
长	(动)	zhǎng	37
账	(名)	zhàng	42
着	(动)	zháo	41
找不到		zhǎo bu dào	38
着	(助)	zhe	44
这么	(代)	zhème	41
正常	(形)	zhèngcháng	35
正	(副)	zhèng	43
正好	(形)	zhènghǎo	39
正在	(副)	zhèngzài	43
只	(量)	zhī	35
职员	(名)	zhíyuán	47
只好	(副)	zhǐhǎo	38
只要……就……		zhǐyào……jiù……	43
只有……才……		zhǐyǒu……cái……	48
纸条	(名)	zhǐtiáo	36
至少	(副)	zhìshǎo	45
质量	(名)	zhìliàng	43
治	(动)	zhì	48
中年(人)	(名)	zhōngnián(rén)	43
终于	(副)	zhōngyú	38
种	(动)	zhòng	41
周	(名)	zhōu	49
周末	(名)	zhōumò	49
主人	(名)	zhǔrén	50
主要	(形)	zhǔyào	46
住	(动)	zhù	41
住院		zhù yuàn	44
专门	(形)	zhuānmén	39
装	(动)	zhuāng	49
资料	(名)	zīliào	38
自来水	(名)	zìláishuǐ	36
嘴	(名)	zuǐ	35
最好	(副)	zuìhǎo	43
最后	(名)	zuìhòu	49
左右	(助)	zuǒyòu	45
坐位	(名)	zuòwèi	43